Gottfield Borries

Über den Pessimismus als Durchgangspunkt zu universaler

Weltanschauung

Gottfield Borries

Über den Pessimismus als Durchgangspunkt zu universaler Weltanschauung

ISBN/EAN: 9783743347335

Hergestellt in Europa, USA, Kanada, Australien, Japan

Cover: Foto ©ninafisch / pixelio.de

Manufactured and distributed by brebook publishing software (www.brebook.com)

Gottfield Borries

Über den Pessimismus als Durchgangspunkt zu universaler Weltanschauung

UEBER DEN
[PESSI]SIMISMUS ALS DURCHGANGSPUNKT
ZU
[U]NIVERSALER WELTANSCHAUUNG.

INAUGURAL-DISSERTATION

ZUR

[ERL]ANGUNG DER PHILOSOPHISCHEN DOCTORWÜRDE

GENEHMIGT

VON DER

PHILOSOPHISCHEN FACULTÄT

[D]ER UNIVERSITÄT LEIPZIG

VON

GOTTFRIED BORRIES.

MÜNSTER 1880.

GEDRUCKT BEI E. C. BRUNN.

Ueber den Pessimismus als Durchgangspunkt zu universaler Weltanschauung.

Zwei Hauptfragen sind es, die seit Beginn des philosophischen Denkens bis auf unsere Zeit sich der forschende Geist gestellt und zu beantworten versucht hat. Woher die Welt? und: Wozu das Leben? In der That erschöpfen diese beiden Fragen das denkende Interesse; denn eine vollkommene Beantwortung der ersten giebt uns Aufschluss über die Entstehung alles Seins nach ursächlichen Verhältnissen und Beziehungen; die befriedigende Lösung der letzteren lässt uns keinen Zweifel mehr über unsere Bestimmung aus begründeten Zwecken. Es bilden diese beiden Fragen den Januskopf der Philosophie: das eine Gesicht schaut nach rückwärts, in die Vergangenheit, das andere nach vorwärts, in die Zukunft.

Ueberblickt man Inhalt und Umfang der Beantwortung der beiden Fragen und untersucht dann ihre gegenseitige Stellung, so findet man ein Abhängigkeitsverhältniss; man erkennt, dass, um genügende Antwort auf die zweite Frage zu geben, die erste bereits in irgend einer Weise gelöst sein muss. So sehen wir denn auch die griechische und somit überhaupt die Philosophie mit der ersten Frage beginnen, und seit jener Zeit bis auf unsere Tage ist das philosophische Denken bei dieser als der hauptsächlichsten verharrt und hat aus den hier gewonnenen höchsten Resultaten, den metaphysischen Prinzipien, zumeist die praktischen Normen zu demonstriren versucht. Wenn einzelne Philosophien, die der Geschichte der Philosophie angehören, auch insofern eine Ausnahme machen, als sie bei Aufstellung der praktischen Philosophie sich nicht direkt, sei es an eigene, sei es an fremde theoretische Prinzipien anlehnen und sich auf diese beziehen, so ist doch das Verfahren meist ein deduktives gewesen, und wo es einmal induktiv wurde, beschränkte sich die Induktion auf die Erfahrungsthatsachen des eigenen Individuums; niemals aber wurde eine genügende geschichtliche Basis d. h. Prüfung der früheren ethischen Standpunkte unterbreitet und aus dieser allgemein gültige Endresultate gewonnen. Es ist dieser Gang der Dinge auch gar nicht zu verwundern. Richtig im rein spekulativen Verfahren von der ersten Frage ausgehend, konnte die *zweite* erst dann in den *Anfang* gestellt werden, wenn ein hinreichendes Material für den *Empiristen* vorhanden war, eine fortlaufende Entwicklung von ethischen Doktrinen, durch deren Kritik eine letzte gewonnen wurde; eine letzte insofern, als man bei Aufstellung dieser all die Mängel vermied, die die übrigen unhaltbar gemacht und zu Falle gebracht hatten. Eine solche Ethik oder Grundlage zu einer Ethik ist in der That unlängst entstanden: *Eduard von Hartmann's „Phänomenologie des sittlichen Bewusstseins"*[1]. Ueberhaupt ist mit Aufkommen des *Pessimismus*, zu dem sich Hartmann bekennt, die zweite Frage in den Vordergrund getreten.

Der einzelnen Regungen des Pessimismus nicht zu gedenken, die sich hin und wieder klingend als Dissonanzen

---

[1] Berlin, Carl Dunker's Verlag (C. Heymons) 1879.

durch die übrige meist optimistische Philosophie hindurchziehen, ist *Arthur Schopenhauer* der erste hauptsächlichste Repräsentant desselben und nach ihm sein begabtester und verdienstvollster Jünger *Eduard von Hartmann*. Letzterer hat wie kein anderer die Mängel und Schwächen des Systems seines Vorgängers aufgedeckt und beleuchtet und mit einer anerkennenswerthen genialen Geschicklichkeit die jenem anhaftenden Widersprüche ausgeglichen und z. Th. vollständig geschlichtet. Daher man ihn auch eigentlich *allein* bei einer Auseinandersetzung mit dem Pessimismus, wie er sich in der Gegenwart entwickelt, zu berücksichtigen hat¹). Was sich Bedeutendes und Dauerndes bei Schopenhauer, diesem wunderbaren Manne in der Empfängniss genialer weittragender Einzelideeen vorfindet, hat Hartmann aufgenommen und zu seinem eigenen geschlossenen Lehrgebäude als Hauptbausteine verwerthet.

Der neuere Pessimismus ist insofern die interessanteste Erscheinung in der speculativen Entwicklung, als er wie keine Philosophie zuvor so sehr damit Ernst gemacht, die Kluft zwischen Religion und Philosophie zu überbrücken, die Religion in sich aufzunehmen, oder, wenn man will, die Religion zu durchdringen und sie mit seinem wissenschaftlichen Gehalte zu sättigen. Die beiden grössesten Religionen, Brahmanismus und Christenthum, will er zu seinem überlegenen speculativen Standpunkt reformiren ²). Wie

---

1) Die unparteiliche Geschichte wird jedenfalls dem Berliner Philosophen den ihm zukommenden Platz in der Denkentwicklung einräumen, den ihm seine zeitigen Feinde aus Unverstand oder Neid missgönnen. — In Betreff des von Schopenhauer abgefallenen *Frauenstädt* und des Schopenhauer überschopenhauernden *Bahnsen* vgl. *E. v. Hartmann:* „Neukantianismus, *Schopenhauerianismus* und Hegelianismus." Berlin, C. Dunker's Verlag (C. Heymons). 1877.

2) Schopenhauer erklärt den Brahmanismus für die höchste Religion, weil in seinem ethischen Gehalte mit seinen Forderungen über-

Hegel von seiner Philosophie wollte, dass in ihren Schooss sämmtliche vorangegangene Strömungen des Denkens ausmündeten, so glaubt der Pessimismus die religiöse Entwicklung, die vielausgebildeten Gefühlsbeziehungen zu Gott in seinem Dogma zur reinsten Form krystallisiren zu können. Die theoretische Speculation sollte in Hegel, die praktische in Hartmann ihren höchsten Vertreter finden. Wenn der Pessimismus sich die eben gezeichnete Aufgabe stellte, so appellirte er hierbei an eine bei weitem grössere Theilnahme der Menge und konnte nur auf Gehör bei dieser rechnen, falls er seine Gedanken in einer allgemein verständlichen Sprachform und einfachen klaren Redeweise vortrug. Schopenhauer machte hiermit in der That den Anfang und Hartmann suchte ihn noch in populärer, dabei doch der wissenschaftlichen Tiefe nicht ermangelnder Darstellung zu überbieten. Und es ist ihm gelungen. Seine natürliche, fliessende Sprache bildet einen wunderbaren Gegensatz zu dem Hegel'schen Philosophendeutsch, das sich allmählich seit Kant in der Entwicklung des deutschen Idealismus herausgebildet.

Was ist nun Pessimismus?

Wir bemerkten schon, dass er von der zweiten Frage ausgehe und ihre Lösung versuche; er ist also im wesentlichen praktische Philosophie. Trotzdem der erste Repräsentant desselben, Schopenhauer, seine grundlegende Metaphysik geschrieben, darf doch mit Fug angenommen werden, dass sein Philosophiren von einer reinen Bearbeitung der zweiten Frage ausgegangen. In der That konnte dies der Pessimismus thun. Denn während alle bisherigen philoso-

---

einstimmend. Hartmann dringt wiederholt in seinen Werken auf eine Modifikation des Christenthums im Sinne seines Systems und wünscht eine Verschmelzung des Christenthums mit dem Brahmanismus. Vgl. Phänom. d. s. B. 822—23.

phischen Doktrinen das Woher und Wozu so verknüpft hatten, dass mit der Vernunft des Woher zugleich die vernünftige Zwecksetzung des Wozu gegeben war, betrachtet der Pessimismus die Folgerung aus der angenommenen Voraussetzung und erklärt diese als der Erfahrung widerstreitend nicht anerkennen zu können. Ergab sich bislang aus jener Verknüpfung der beiden Fragen eine positive Ethik, ein Sittengesetz, das zur Erfüllung eines positiv vernünftigen Zweckes Mittel war, so stellt der Pessimismus jetzt ein negatives Moralprinzip auf, das zur Erreichung eines negativen Zieles dienen soll.

Die Verzweiflung an allen bisherigen Versuchen, die Einsicht, dass alle Anstrengungen, alle Experimente des menschlichen Geistes, wie sie die historische Entwicklung nachwies, dem Leben einen positiven Inhalt zu geben, gescheitert, waren dem Pessimismus Grundlage für seine neue Behauptung, dass das Leben eben gar keinen positiven Zweck und Sinn habe und haben könne, **dass also das Leben ein Unsinn sei, der nur den negativen Zweck der Befreiung seines eigenen Selbst in sich trage.**

Wie in Asien am Ende einer alten Culturentwicklung, deren Anfänge und ersten Fortschritte für uns noch in Dunkel gehüllt sind, der religiös mystisch philosophische Geist den Brahmanismus gebar[1]), so ist im Abendlande nach den gewaltigen Fortschritten, die der menschliche Geist gemacht, nach den riesigen Errungenschaften auf allen Gebieten des Lebens, die dem geistigen und materiellen Wohle dienen, nach den Siegen und Triumphen, die menschlicher Witz

---

1) Dessen Quintessenz in einer Stelle der Bhagavadgita des Mahabharata ausgesprochen ist:

„Schmach dem Leben, dem wehrvollen, bestandlosen in dieser Welt;
Wurzel des Leids ist's, abhängig, mit Drangsalen erfüllt ganz;
Ein gewaltiger Schmerz haftet am Leben; Leben ist nur Leid!"

und Verstand gefeiert, der Pessimismus entstanden, der dumpfe Glockenton, „der seiner Zeit zu Grabe läutete."

Wir haben den Pessimismus zu erklären als diejenige Weltanschauung, welche das Leben für einen fortdauernd vergeblichen Versuch ansieht, irgend einen positiven Inhalt zu gewinnen, dem also dieser Prozess eine andauernde Täuschung, eine andauernde Unlust und Schmerz sein muss, und dessen oberstes Moralprinzip darin besteht, dies vergebliche Leben aufzuheben und zu vernichten. Entstanden ist diese Philosophie, wie oben bemerkt, rein als Antwort auf die Frage Wozu durch kritische Betrachtung der bisherigen Lösungen dieser Frage. Dieser philosophische Prozess in der Seele des pessimistischen Philosophen wurde abgesehen von der allgemeinen Zeitstimmung gerade durch das letzte Glied jener philosophischen Richtung, die einen positiven Welt- und Lebenszweck statuirte, motivirt. Gerade in Hegel hatte das Woher das Wozu ganz verschlungen, hatte die Allvernünftigkeit der Welt ihren höchsten Triumph gefeiert, war das Leben als ein durchaus rationell bestimmtes proklamirt und hatte die logisch definirte Moral, aus jenem Woher geboren, aller selbständigen d. h. erfahrungsgemässen Entwicklung ihrem Prinzipe nach den Krieg erklärt. Dadurch entstand jedenfalls bei Schopenhauer der Impuls zu seiner heftigen, beredten Philosophie. Nicht aus dem Kopfe heraus, aus dem Herzen heraus hat sie den Keim empfangen, ist sie geboren. In ihm lehnte sich das menschliche Gefühl in seiner urmächtigen Berechtigung gegen den Usurpator, gegen die Gewaltherrschaft der Vernünftigkeit auf. Freilich musste diese praktische Philosophie durch eine theoretische unterstützt werden, aber jene ist eben das Prius gewesen.

Aus der praktischen Lebensanschauung ergab sich mit Nothwendigkeit die theoretische. Hat das Dasein keinen positiven Zweck, ist alles Leben nur Leiden, ist die Hoffnung auf ein Jenseits der Ausgleichung und Versöhnung ein Wahn, so ist die Welt überhaupt ein Unsinn, muss nothwendig ein Werk nicht der Vernunft, sondern der Unvernunft sein. In seinem Hauptwerke: „*Welt als Wille und Vorstellung*," von der Kantischen Philosophie ausgehend, weist Schopenhauer nach, dass die Welt unsere Vorstellung und dass das bei Kant stehen gebliebene unbekannte Ding an sich der Wille sei. Diese beiden Prinzipien werden als allen Erscheinungen zu Grunde liegende erklärt, aus ihnen konstruirt sich das Weltphänomen. Die Welt ist nämlich wie in der indischen Philosophie nur Schein, Trug und Wahn, das einzige Reale in der Welt ist der Wille, dem an sich keine Vernunft und Einsicht zukommt, der daher der blinde, der dumme Wille ist. Der Wille hat die Welt so geschaffen wie sie ist; er hätte sie auch anders schaffen können, aber es existirt nun einmal diese Welt, die schlechteste unter allen möglichen. So ist es erklärlich, dass das Leben kein absolut Vernünftiges enthalten kann, dass vielmehr sich das natürliche und menschliche Dasein an einer Kette von Schmerz und Leid abspinnt. Untereinander können die Individuen nur Mitleid miteinander haben und aus diesem entspringen die sogenannten Tugenden der Menschen. Aufgabe des Individuums ist es, den Willen zum Leben allmählich zu ertödten durch Absterben vom Leben, durch Verneinen jeder Willensbethätigung und so sich selbst zu erlösen und in's Nirwana zurückzukehren. Es handelt sich also hier um eine individuelle Befreiung, um eine besondere persönliche Erlösung.

Ethik und Metaphysik stehen bei Schopenhauer streng miteinander in Verbindung. Die praktische Lebensanschauung *begründet* die theoretische, die theoretische Philosophie *rechtfertigt* die praktische.

War nun aber auch die praktische Anschauung, nämlich dass das Leben Leiden sei und die Frage Wozu eine negative Beantwortung erheische, durch Erfahrung begründet, so hatte doch das aus ihm gefolgerte Moralprinzip der Selbsterlösung einen Leck. Es setzt nämlich die absolute Freiheit des Willens voraus, deren Unhaltbarkeit sich vor jeder näheren besonnenen Kritik erweist; und was noch schlimmer war, folgten aus ihm so sonderbare Consequenzen, dass man mit Lachen oder mit Schrecken sich von solcher Absurdität abwendet [1]).

Wie nun Hartmann die theoretische Philosophie seines Vorgängers umbildete, worauf wir später noch zurückkommen werden, so besonders die praktische. Er ist vor allen Dingen von dieser ausgegangen. Mit seinem Vorgänger darin übereinstimmend, dass das Leben einen negativen Zweck habe, und Schopenhauer's rigoröse Ansicht nur dahin mildernd, dass das Dasein *überwiegend*, nicht absolut, ganz und gar in Schmerz aufgehe, verwirft er das Unterfangen einer persönlichen Selbstbefreiung vom Dasein, verlegt vielmehr in erhabener Weise die Welterlösung in die gesammte Menschheit, an der der Einzelne nur an seinem Theil und nach seinen Kräften mitwirken soll.

Wie Schopenhauer eigentlich nur aus sich heraus seine praktische Philosophie gewann und auf ihr sein Moralprinzip aufbaute, so erreicht Hartmann seine ethische Aufgabe, wie er sie in universeller Weise stellt, auch auf dem reinsten Wege. Was Schopenhauer einfach als Faktum hinstellt, nämlich dass nur ein negatives Moralprinzip Gültigkeit haben kann, weist Hartmann in einer längeren und gediegenen Untersuchung nach.

Hartmann's Phänomenologie des sittlichen Bewusstseins ist die lauterste Methode des Pessimismus und ist dies eigentlich sein Hauptwerk. Man könnte sich in der That wundern, dass das Buch nicht vor der Philosophie des Un-

---

1) *Hartmann:* Ph. d. s. Bew. S. 44—45.

bewussten erschienen. Indess gesteht der Verfasser selbst zu, dass es am besten in seine Philosophie hineinführe und räumt ihm den ersten Platz unter dem zu Lesenden ein [1]). Wenn wir oben sahen, der Pessimismus beschäftige sich mit der zweiten Frage des Wozu im Besonderen, sein Eigenstes sei praktische Philosophie, so folgt daraus gemäss des induktiven Verfahrens für eine reine Behandlung der zweiten Frage, dass er uns die historische Entwicklung dieser zweiten Frage kritisch vorführt, und auf das Endresultat dieser Untersuchung gestützt, sein eigenes Moralprinzip statuirt. Diese Aufgabe erfüllt in der That das Hartmann'sche Buch auf glänzende Weise.

Wir werden später noch eine nähere Kritik und Besprechung des Werkes geben; vorderhand soll eine gedrängte Uebersicht der wichtigsten ethischen Systeme, wie uns solche die Geschichte der Philosophie darbietet, zeigen, dass seither die Ethik direkt oder indirekt immer an die Metaphysik anlehnte, insofern nämlich bei den grossen Philosophen die sittlichen Grundsätze strikt aus ihren metaphysischen Prinzipien abflossen, bei den diesen folgenden kritischen Richtungen mit dem Zweifel und der Zersetzung der theoretischen Philosophie der Vorderen zwar auch die ethischen Grundlagen mehr oder weniger umgestaltet oder gar aufgehoben wurden und an Stelle der aus der Metaphysik deducirten Prinzipien eine subjektive Moral, geschöpft aus individuellen oder im weiteren Sinne nationalen Bedürfnissen, trat, dass aber stets bis auf den modernen Pessimismus der Charakter und die Tendenz der Ethik deduktiv-positiv blieben, und nicht daran gedacht wurde (und auch wohl kaum gedacht werden konnte), ein rein deduktives Verfahren auch

---

1) Vgl. Vorwort zur 8. Auflage: „Die Philosophie des Unbewussten," von Eduard v. Hartmann. Berlin, C. Dunker's Verlag (C. Heymons): 1878. (Besonders S. XXV. daselbst.)

in der Ethik zu beobachten und auf die oben angeführte Weise die letzten Moralprinzipien zu gewinnen, die, von der bisherigen Kritik unberührt, alles in sich zusammenschlossen, was die früheren vernunftgemäss prätendirt hatten.

Mit *Sokrates* beginnt die wissenschaftliche Behandlung der Ethik. Seine Vorgänger (Heraklit namentlich) waren z. Th. auch Moralphilosophen; aber sie vermochten nicht, diese ihre Moral aus massgebenden theoretischen Prinzipien abzuleiten, sondern schlossen sich mehr oder weniger an die landläufigen religiösen Vorstellungen und die Begriffe von griechischem Staatsleben und griechischer Sitte an. Selbst Sokrates hat einen verhältnissmässig nur dürftigen Anfang zur Sittenlehre gegeben, obwohl bei ihm das Wissen um die Tugend die einzige Philosophie, die einzige wahre und ächte Philosophie ist. Aus diesem Wissen folgert er zwei Sätze, dass nämlich die Tugend einmal ihrem Wesen nach eine einheitliche und gleiche, und dass sie ferner mittheilsam sei an alle Menschen; es wird also ihre Lehrbarkeit statuirt. Dies hängt genau zusammen mit Sokrates' theoretischen Grundsätzen. Bekanntlich ergab sich ihm philosophische Erkenntniss durch die Methode der Induktion, die von der concreten Vorstellung ausgehend, allmählich diese von allem Zufälligen und Nebensächlichen bis zum reinen Begriff hinauf läuterte; letzterer wurde mit dem Wesen des Dinges für identisch gehalten. So gewann Sokrates auch das Wissen der Einzeltugenden, d. h. der unter die *einheitliche* Erkenntniss fallenden Momente des vernünftigen, bewussten (sittlichen) Handelns, und glaubte, mit diesem Wissen sei der sittliche Mensch fertig. Eine weitere Ausführung dieser obersten ethischen Grundsätze, eine concrete Sittenlehre giebt Sokrates nicht. Es ist dies aber eigentlich ganz folgerichtig aus seiner Philosophie heraus. Bei ihm ist Philosophie und Ethik eins. Mit dem höchsten Wissen ist zugleich das höchste Können, die Fähigkeit gegeben, das Gute und Rechte zu thun, was sich im gegebenen concreten Falle äussert. — Woher die Welt, die Naturerklärung, mit der sich das Denken vor ihm hauptsächlich beschäftigte, kümmert Sokrates fast gar nicht. Ja er unterlässt es nicht, bei Gelegenheit, z. B. in der Apologie, sich seiner Unwissenheit in Bezug auf dieses Wissen zu rühmen und seine Verachtung gegen derartige Philosophie auszusprechen. Einzig würdiger Gegenstand des Denkens und Forschens ist ihm nur die Tugend, Aufgabe der Philosophie, das oberste Prinzip des sittlichen Handelns zu finden. Er hält die Welt für erklärt genug, wenn er Antwort gegeben hat auf die den Menschen betreffende Frage des Wozu und alles Andere geht ihm hierin auf. Schärfer, ja in's Extreme ist dieser Standpunkt später von Fichte behauptet worden, dem das ganze Universum vom Ich nur zu seiner sittlichen Bethätigung gesetzt erscheint. — Mit Sokrates aber war die Reihe der Philosophen würdig eröffnet, die im Wissen der Sittlichkeit den Halt für die Allgemeingültigkeit ihrer Forderungen fanden.

Die Abhängigkeit der Ethik von der Metaphysik tritt bei *Plato* recht deutlich hervor. Bisher war noch keine umfassende Metaphysik auf griechischem Boden, überhaupt noch nicht irgendwo gewachsen. Hier begegnet uns zum erstenmale in der Philosophie eine Natur und Geist in einem Prinzip umfassende theoretische Weltanschauung und die Ethik ist nur die praktische Consequenz daraus. Keine Frage nach der Erfahrung, keine Anlehnung an Religion, an volksthümliches Herkommen, Sitte u. s. w., sondern strikte Folgerung aus dem theoretisch Erkannten. Plato hatte die „lauteren" Anschauungen, die Begriffe seines Meisters, die jener noch unbefangen für der Subjektivität angehörig betrachtet hatte, objektivirt. Die Allgemeinbegriffe waren zu selbständigen, concreten Ideen geworden. Von dieser reinen und schönen Ideenwelt ist die Wirklichkeit nur ein getrübtes Abbild, eine Abschattung der lichten Urbilder. Die menschliche Seele ist zwischen dieses Licht- und Schattenreich gestellt. Sie hat Theil an der Ideenwelt ihrem Ursprung gemäss und leidet unter der Materie, mit der sie verbunden. Aus dieser Verbindung sich zu lösen, aus dieser sinnlichen Verstrickung in die Idealität, in das reine Dasein zurückzukehren, kann demnach nur Aufgabe der Seele sein. Das höchste Gut, das ihr gestellt, der letzte Zweck alles Wollens und Handelns ist die Flucht aus der Körperwelt, die Loslösung vom Sinnlichen und das Leben und Weben in der Ideenwelt. Dies kann nur durch Denken und Erkennen der Wahrheit geschehen; also die Philosophie selbst ist die höchste Tugend. — So schliesst sich Plato eng an seinen Lehrer an, nur noch folgerichtiger ist bei ihm die Ethik, indem sie eben die theorethische Philosophie, ein ausgebildetes metaphysisches System zur Grundlage hat, was bei Sokrates noch gänzlich fehlte. Auch wurde bei ihm schon die von Alters her bis jetzt bestehende Frage, wie sich Glückseligkeit zur Tugend verhalte, dahin beantwortet, dass zwar in der Tugend als im reinen Erkennen noch keine Glückseligkeit liege, sondern hierzu die Lust, wie solche sich aus mässigem Genuss der naturgemässen Sinnlichkeit und der Freude am Geistig-Schönen aufbaut, hinzukommen müsse, allerdings so, dass sie nie über das Erkennen, über die Vernunft die Obmacht gewinnt.

Wie *Aristoteles* überhaupt mehr der Wirklichkeit und dem Leben als Philosoph zugewandt, so auch in der Ethik. Seine Sittenlehre schliesst sich weniger als die Plato's den metaphysischen Prinzipien seiner Philosophie an, sondern hält mehr Fühlung mit den natürlichen Verhältnissen alles Lebendigen auf der Erde. Wie immer von der Erfahrung ausgehend, nähert sich Aristoteles auch auf ethischem Gebiete schon mehr der Induktion, konnte aber selbstverständlich bei dem damaligen Stande der Dinge keine Phänomenologie entwerfen, obgleich auf einem besonderen Gebiete von ihm der Versuch gemacht ist, nämlich auf dem der Politik, wo er die verschiedensten damals vorhandenen Staatsformen zusammenstellt und aus ihnen die bestimmenden Prinzipien für seine eigene Politik gewinnt. Diese „Phänomenologie des politischen Geistes" ist uns leider nicht erhalten. — Gegenstand der Ethik ist bei Aristoteles nun nicht das Gute an und für sich (die Idee des Guten) wie bei Plato, sondern das im praktischen, wirklichen Leben zu ermöglichende Gute, und auch dieses wird noch durch das individuelle Vermögen beschränkt. Das Resultat einer sittlichen Handlung ist wie das jeder andern Handlung nur dann vollkommen zu nennen, wenn an ihm weder ein Zuviel noch ein Zuwenig. Dies Verhältniss ändert sich natürlich nach dem bestimmten concreten Fall. Die praktische Urtheilskraft des verständigen Menschen hat mit Berücksichtigung aller Umstände und Nebenverhältnisse jedesmal darüber zu entscheiden, wo die richtige Mitte d. h. wo die Tugend liegt. Diese praktische Urtheilsfähigkeit kann eben nur durch Uebung erworben werden; die Tugend ist also nichts weniger wie lehrbar, sie ist nicht Wissen, sondern Gesinnung, oder besser beides zugleich. Consequent seinem empirischen Verfahren deducirt Aristoteles nicht Haupttugenden. Es giebt eine unendliche Anzahl von Tugenden, denn mit jeder neuen Lebensbeziehung entsteht eine neue Tugend. Diese alle zu berücksichtigen ist unmögliche Aufgabe der Ethik. Nur aus den immer wiederkehrenden Hauptbeziehungen des menschlichen Daseins lassen sich etwa Haupttugenden ableiten. Einem synthetischen Verfahren nähert sich Aristoteles, wenn er die Tugenden eintheilt in ethische und dianoetische; erstere erstrecken sich auf Affekte, letztere auf das Erkennen. Den dianoetischen Tugenden giebt er den Vorzug, unter ihnen leuchtet als Krone die θεωρία (Weisheit), deren praktisches Resultat die Glückseligkeit ist. — Trotzdem diese

Position der Ethik der Erfahrung angepasst, ist sie nichts destoweniger durch die metaphysischen Grundsätze des Aristoteles *beeinflusst*. Eben weil sein ganzes Philosophiren ein induktives, der unbefangenen Beobachtung folgendes war, gewann auch die Ethik eine solche den natürlichen Instinkten des Menschen zuneigende Tendenz.

Hatte Aristoteles bei Aufstellung senier Ethik sich zumeist an die Physik angelehnt, so that dies noch inniger die bedeutendste der nacharistotelischen Sekten, die *Stoiker*. Im Stoicismus tritt die Autonomie der Subjectivität scharf hervor. Der bisherige aristotelische hypothetische Realismus wird in einen dogmatischen Idealismus verwandelt. Das alldenkende Subjekt umschliesst in theoretischer wie praktischer Hinsicht die Welt und hat so seine wahre Beziehung zu der im Ganzen der Welt wirkenden und webenden Allvernunft. Erhabenheit über alles Einzelne und Besondere ist stoischer Grundsatz. Ruhige Glückseligkeit in der Erkenntniss soll die Sittlichkeit gewähren. Führt der Mensch ein allgemein *natürlich* vernünftiges Leben, so ist er tugendhaft. In der *Physik* stellt sich für den Stoiker die äussere Welt als eine materielle göttliche Vernunft dar. Sollte nun das einzelne menschliche Individuum dieser vernünftigen Natur, dieser logischen Harmonie gemäss nicht leben? Der Natur folgen, in Einstimmung mit der Natur leben, sei der erste sittliche Grundsatz! Die Lust ist nur ein Accidenz der logischen Bethätigung des Menschen, der passive Zustand der Seele bei ihrer aktiven Bewegung. Die Passivität kann nicht Zweck sein, sondern nur die Aktivität, das Handeln und natürlich das Weise-Handeln; *das* ist Tugend und ihr Inhalt zugleich das höchste Gut. Alles Andere, was sonst wohl für ein Gut gehalten, ist im Vergleich zu diesem höchsten nebensächlich und unbedeutend; es hat höchstens unter sich und Gleichartigem das Prädikat eines Vorzuziehenden. Wenn Tugend Vernünftigkeit, Untugend Vernunftwidrigkeit ist, so besteht zwischen beiden ein absoluter Gegensatz. Es gibt daher auf beiden Seiten nur eins, d. h. die Tugend hat nicht ein Mehr oder Minder, ebensowenig wie die Untugend. — Die Stoiker haben die Pflichtenlehre zuerst ausgebildet und gesondert in Pflichten gegen das Ich und gegen den Staat. Aus letzteren entsprang die Idee der Kosmopolitie, die hier zum erstenmale in der Philosophie auftritt.

Wenn die Stoiker die verzweifelte Anstrengung machten, durch Erweiterung des Ich zu einer das All umfassenden Subjektivität die Ruhe, Glückseligkeit zu gewinnen, so fing *Epikur* dies klüger an, indem er, von dem Allgemeinen absehend, das Besondere, Einzelne in's Auge fasste. Seine individuelle Lust richtet sich auf die Gegenwart. Diese Glückseligkeit wird durch keine Unruhe um die Zukunft gestört, die die Stoiker durch allgemeine Uebersicht dämpfen wollten. Die individuelle Lust, die Glückseligkeit zu gewinnen, soll ihm die Philosophie dienen; sie soll als die Fertigkeit, durch richtiges Denken und Schliessen ein glückseliges Leben zu bewirken, hauptsächlich in der Ethik aufgehen als ihrem dritten und letzten Theile, zudem die beiden ersten, Logik und Physik, die Vorschule bilden. Wie überhaupt das griechische Alterthum zum individuellen Eudämonismus hinstrebte, so Epikur besonders. Bei ihm ist die von den Stoikern verpönte Passivität die Hauptsache: die andauernde Lust, die durch nichts alterirt werden kann, ist ihm die Tugend. Tugend und Lust ist ihm eins. Genauer hat sich das Verhältniss der Glückseligheit zur Tugend so gestellt, dass, während bei den Stoikern Glückseligkeit ein Accidenz der Tugend, jetzt die Tugend ein Accidenz der Glückseligkeit ist. Die positive Lust der älteren Hedoniker ist zwar herabgemildert worden; für Epikur gilt schon das Befreitsein von Unlust für Lust. So weit musste die griechische eudämonistische Ethik aufgelöst werden, dass ihr Facit in Bezug auf das Lustquantum gleich Null mit dem positiven Vorzeichen war. Seligkeit ist Ruhe. Hier setzte nun die sittliche Energie des Christenthums ein.

Das *Christenthum* machte mit dem antiken Eudämonismus Kehraus. Es stellte für das irdische Leben keine Glückseligkeit in Aussicht, wies sogar nachdrücklich darauf hin, dass das Leben auf dieser Erde ein jammervolles, mit Leiden und Schmerzen behaftetes sei. Der Mensch solle sich in diesem Kampfe sittlich religiös bewähren, und derjenige, welcher die Prüfung hienieden bestanden, würde in einem besseren Jenseits ein seliges Leben erwerben. Die sittliche Bethätigung hienieden hatte ihren Kern in der Wiedergeburt, d. h. Ablegen des sinnlichen Menschen und Eingehen in eine verklärte Sphäre, in die Heilsgemeinschaft des heiligen Geistes. Es schloss sich auch hier im Christenthum diese Ethik eng an die *speculative* Grundidee der Menschwerdung Gottes an. Wie Gott Mensch geworden und durch sein Leiden und Sterben die Welt erlöst und wieder in die Herrlichkeit des Himmels eingegangen, so sollte unter dem Beistande des heiligen Geistes jeder Christ in Christo diesen Weg der Versöhnung mit und zu Gott durchlaufen.

Wie bei dem grossen griechischen Philosophen im ersten Stadium des philosophischen Denkprozesses, bei Plato, so auch bei dem Hauptrepräsentanten in der mittleren Entwicklung, bei *Spinoza*, folgt die Ethik direkt aus der Metaphysik. Aus der absoluten Souveränität der alleinen Substanz ergiebt sich mit Nothwendigkeit die Unfreiheit des menschlichen Willens, die hier zum erstenmale nachdrücklich hervorgehoben wird. Ist alles in Gott und durch Gott, so kann natürlich an den Bezeichnungen Gut und Böse nichts Wirkliches haften, sondern es können nur Relationen sein, die durch unsere menschliche Anschauungsweise, durch unsern Denkorganismus hervorgebracht werden. Das sogenannte Böse ist also, weil auch ein Ausfluss der Gottheit, nichts Positives. Es ist eine blosse Negatio oder Privatio. Gott kennt nichts Böses. Wir nennen gut, was uns nützt böse, was uns schadet. Nützlich ist, was unsere individuelle Realität bewahrt und erhöht. Unser eigentliches Sein aber ist Erkennen, Erkennen aber ist das Wesen unseres Selbst. Durch Erkennen befreien wir uns von der Passivität, unter die uns die Aussenwelt stellt. Das höchste Erkennen ist die Erkenntniss Gottes, die höchste Tugend Gott erkennen und lieben. Daraus entspringt die Glückseligkeit: der Gedanke der ewigen Nothwendigkeit in Gott. Die Seligkeit ist die intellectuelle Anschauung Gottes, die einzige und höchste Tugend. Tugend ist Philosophie, und Philosophie ist Tugend. Nicht mit Unrecht hat Spinoza sein Hauptwerk, worin er seine umfassenden metaphysischen Anschauungen entwickelt, *Ethik* genannt.

Wie nun gerade dieser theoretische Standpunkt von der alleinen Substanz mit ihrer durchaus logisch gegliederten internen Welt sich fruchtbar für die Ethik erwies, so fruchtbar, dass, wie wir eben sahen, die Metaphysik in die Ethik aufgeht, so umgekehrt der dem Monismus des Spinoza gleichzeitig entgegenkämpfende Pluralismus des *Leibnitz*.

Es liegt im Wesen des individualistischen Pluralismus, dass bei ihm eine gesunde Ethik nicht zu Stande kommen kann. Sind die einzelnen Menschenseelen so gut wie jede andere Monade (Leibnitz) oder jedes andere Reale (Herbart) an und für sich seiend, unmittelbar zusammenhangslose und beziehungslose Wesen, die nur erst *indirekt* eine Verbindung unter einander haben, so stehen sie in ihrer Absolutheit souverän den sittlichen Forderungen gegenüber. Die Ethik verflüchtigt sich hier in die sich eng an die Metaphysik anschliessende Psychologie. So sehen wir bei Leibnitz als ethisches Postulat die Vervollkommnung aufgestellt. Potentiell sind in der Monade die unendlich vielen Vorstellungen, aus denen sich die Gesammtvorstellung des

Universums zusammensetzt, enthalten. Die Passivität der Monaden, d. h. ihre indirekte Abhängigkeit von den übrigen als integrirender Bestandtheil der absoluten Harmonie, soll immer mehr überwunden werden. Hier berührt sich die Ethik mit der Erkenntnisstheorie. Wie empirische und rationale Erkenntniss sich darin unterscheiden, dass jener ein geringerer Grad von Deutlichkeit innewohnt, so graduirt sich die Sittlichkeit von der niederen zur grösseren Vollkommenheit der Vorstellungsthätigkeit der Monaden. *Herbart*, der auf Kantischem Boden stehende sonst so sehr verdienstvolle Weiterbildner des Leibnitz'schen Pluralismus, bekundet neben seiner trefflichen Psychologie eine sehr mangelhafte, weil nämlich durch erstere zu sehr determinirte Ethik. Von der auffallenden Willkürlichkeit seiner fünf ethischen Ideen abgesehen, ist das der Grundfehler seiner Stellung zum Problem, dass er die Sittlichkeit allein aus Gefallens- resp. Missfallensverhältnissen abzuleiten glaubt[1]).

Der Empirismus, der von *Locke* in England begründet und durch *Hume* weiter ausgebildet ward, wurde dort bekämpft durch die *schottischen Moralisten*, in Frankreich aber nicht nur acceptirt, sondern von der *französischen Aufklärung* bis in seine letzten Consequenzen verfolgt und vertieft; während in Deutschland *Wolff und seine Schule* auf Leibnitzscher Speculation fussend dessen Philosophie überhaupt und so auch besonders seine Ethik umgestaltend weiter zu bilden suchten. Die schottischen Moralisten wollten die angeborenen Ideen, mit denen Locke tabula rasa gemacht hatte, wenigstens auf die angeborenen Instinkte hin retten. *Shaftesbury* stellte den moralischen Sinn zuerst auf, *Hutcheson* erweiterte ihn zum moralischen Gefühl, dessen höchster Grad der Enthusiasmus, der Vater alles Bedeutenden sei. — Die

---

1) Vgl. die Erörterungen über Herbart bei Hartmann: Phänomen. d. s. Bew. S. 107—117.

Franzosen behaupteten, all unser Wissen ist determinirt durch sinnliche Empfindung, ebenso auch unser Wollen; daher ist Befriedigung der sinnlichen Lust das einzig richtige Moralprinzip, Selbstliebe ist der wahre Instinkt. Will man von einem Menschen sittliche Bethätigung, so muss sein eigenes Interesse geweckt und als Hebel angesetzt werden. Ihren Höhepunkt findet diese Richtung wohl in *La Mettrie*, der den physischen Genuss als das höchste Ziel der Menschheit hinstellt und die Eudämonie der Zukunft in der Herrschaft des Atheismus sieht. Das système de la nature predigt ebenfalls die solidarische Verbindung der Menschen in der Interessengemeinschaft. — In Deutschland war auch eine eudämonistische Sittenlehre im Schwange, doch zum Unterschiede von der materiellen französischen eine idealistische. Glückseligkeit des Individuums ist höchstes Prinzip und letzter Zweck, doch wird diese Glückseligkeit in einer Harmonie des Natürlichen und Göttlichen erzielt. Die Religion steht der irdischen Glückseligkeit nicht im Wege, wie *Reimarus* zeigt; das Christenthum ist vielmehr ein Beförderer irdischen Wohlseins.

Alle diese letzteren Bestrebungen nach einer befriedigenden Moral waren aber nur mühselige hin und wieder tastende Arbeit, auf den abgelebten Philosophemen der vorangegangenen Periode des Dogmatismus und Empirismus einen den Zeitverhältnissen entsprechenden gesunden Standpunkt zu gewinnen. Vergeblich musste dies Bemühen sein, denn eine neue Periode bereitete sich eben vor. Wir stehen unmittelbar vor dem Beginn der Aera des deutschen Kriticismus, die der grosse *Kant* eröffnen sollte. Aus der trüben Gährung, die damals die philosophischen Gemüther beherrschte, aus dem Ringen zwischen Altem und Neuem, zwischen philosophischem Dogma und sich selbst besinnender Kritik, trat der Königsberger Philosoph hervor und bahnte durch seine neue kritische Philosophie auch eine neue

Entwicklung der Ethik an, welche durch den deutschen Idealismus des 19. Jahrhunderts fortgeführt, in Hegel ihren Abschluss erhielt.

Kant setzte der optimistischen eudämonistischen Ethik der Wolff'chen Schule seine rigoröse Sittenlehre mit den ernsten und gewaltigen Forderungen an den Menschen entgegen. Kant ist ein Hauptrepräsentant jener Richtung in der Ethik, welche durch Scepsis an den metaphysischen Prinzipien dahin gelangt, entweder in der nationalreligiösen oder eigenen ethischen Subjektivität den Anker für ihr Sittengesetz zu suchen. Kant ist in dieser letzten Hinsicht der ethische Philosoph par excellence. Vor der „Kritik der praktischen Vernunft" erschien sein erstes unsterbliches Werk „Kritik der reinen Vernunft", worin er mit allen seitherigen metaphysischen Vorurtheilen aufräumt. Die Resultate dieser theoretischen Philosophie sind bekannt. Für die praktische Philosophie kam heraus, dass sich ihre bisherigen Voraussetzungen, Gott, Freiheit und Unsterblichkeit durchaus nicht erweisen noch begründen lassen. Wenn nun aber auch die Ideen der Vernunft, unter denen die Gottesidee den höchsten Rang einnimmt, der objektiven Bedeutung ermangeln, so sind sie doch regulative Prinzipien. Wir müssen die Welt so ansehen, als wenn die Vernunftideen realiter in ihr wirksam wären. Diese regulative Bedeutung der Vernunftideen schliesst ihren praktischen Werth in sich. Ausser dem Wissen giebt es eine Ueberzeugung, ein subjektives Fürwahrhalten. eine moralische Gewissheit, diese gehört dem praktischen Menschen. Die Kritik der praktischen Vernunft zerfällt in Analytik und Dialektik. Ob die Vernunft massgebend für den Willen sein kann, untersucht die Analytik. Sie kann es. Die Freiheit ist der freie Vernunftwille. Die Vernunft ist allein Gesetz, die autonome, von materiellen Bestimmungsgründen unabhängige Herrscherin. Ausdruck der Vernunft ist das Sittengesetz, der kategorische, jedes

vernünftige Wesen bindende Imperativ. In ihm offenbart
sich die absolute Wahrheit der Idee der Freiheit. Du kannst,
denn du sollst. Maximen, d. h. Bestimmungsgründe aus subjektiven lustheischenden Bedürfnissen, nach denen *allein* gehandelt wird, sind zu verwerfen. Da aber ohne materielle
Bestimmtheit das Handeln leer bleibt, so ist die materielle
und die ideale Seite dahin zu verknüpfen, dass die Maximen
zu Vernunftgesetzen hinaufgeläutert werden; natürlich kann
dies nur bei solchen Maximen geschehen, die die Fähigkeit
einer Veredlung in sich schliessen. Grundsatz ist also: deine
Maxime lass allgemeines Gesetz werden. Dies ist das allgemeine formale Moralprinzip, das erhaben über jeden concreten, durch irgend einen untergeordneten Faktor bestimmten Einzelfall. Das intellektuelle Gefühl der Achtung vor
dem Sittengesetz soll den Menschen zur Befolgung desselben
antreiben. Kant war sich wohl bewusst, wie wenig natürliche
Neigung der Mensch zu diesem Moralprinzip haben würde;
daher sein Rigorismus, die Pflicht sei nur mit Widerstreben
zu erfüllen [1]). Der zweite Theil der Kritik der praktischen
Vernunft, die Dialektik, beschäftigt sich mit den Antinomien,
die aus der Vernunftgesetzgebung und den äusseren Beweggründen des Willens erfolgen. Wie ist zuerst Tugend, das
höchste Gut des aus reiner Vernunft handelnden idealen
Menschen, und Glückseligkeit, das Ziel des natürlichen,
sinnlichen Menschen zu verbinden. Keine analytische Einheit (wie bisher), sondern nur eine synthetische ist zwischen
beiden zu statuiren, und zwar eine causal synthetische.
Tugend und Glückseligkeit müssen als Ursache und Wirkung mit einander verknüpft sein. Das ist die Thesis, die
leider durch die Erfahrung widerlegt wird. Antithesis:
Tugend und Glückseligkeit stehen nicht in Causalnexus.
Die Lösung wird gefunden durch das Setzen einer sinnlichen

---

1) Man denke an die bekannte Schiller'sche Xenie.

und einer intelligiblen Welt. In letzterer, in der auch der Mensch als Noõumenon heimisch, entsprechen sich Tugend und Glückseligkeit. Dort schmelzen die beiden harmonisch in ein Drittes, das höchste Gut, zusammen. Aus der Realität der höchsten Tugend lässt sich dann aber die Unsterblichkeit der Seele, aus der höchsten Glückseligkeit das Dasein Gottes ableiten. So hat die praktische Vernunft die drei Ideen, an deren theoretischer Beweisbarkeit die Speculation verzweifelt, begründet, für das praktische Handeln als nothwendig und zureichend dargethan.

Schon der nächste Nachfolger Kant's, *Fichte*, bildete den Kriticismus seines Vorgängers zu einem dogmatischen Idealismus aus. Und während Kant, überzeugt von der theoretischen Unbeweisbarkeit der sittlichen Grundideen, seine ethischen Postulate aus sich als bestimmt sittlichem Charakter und strenggläubigem Protestanten schöpfte, indem er dabei seinen Innenmenschen gleich dem sittlich absoluten Menschen überhaupt setzte und auf diese Art seine Ethik dogmatisirte, gründete Fichte das Sittengesetz wieder auf die Metaphysik oder, wie er seine theoretische Philosophie nannte, auf die Wissenschaftslehre, die sich aus dem Kant'schen Kriticismus durch Hinwegräumung des bei seinem Vorgänger noch stehen gebliebenen unbekannten Dings an sich, dem Rubikon für das Dogma der absoluten Wissenheit, ergab.

In Fichte offenbart sich bereits völlig das streng deduktive Verfahren, das in Hegel seinen letzten krönenden Ausläufer hat. Die Resultate der Wissenschaftslehre bedingen unmittelbar die Ethik, bestehend aus Rechts- und Sittenlehre. Keine Erfahrung ist massgebend, nur strenge methodische Deduktion. Nicht allein die Vielheit der einzelnen Individuen wird abgeleitet, sondern es wird sogar versucht, das Körperliche, den Leib des einzelnen Individuums auf logischem Wege zu demonstriren. Zu seiner Rechtslehre gelangte Fichte durch die Position des Ich. Ein endlich vernünftiges Wesen schreibt bei seiner Selbstsetzung sich eine freie Wirksamkeit zu. Objekt dieser Wirksamkeit ist die Sinnenwelt. Durch Bewusstwerden anderer Individuen werden diese mitgesetzt. Das Nebeneinander nun freier Individuen fordert ein Rechtsverhältniss. So setzt sich zugleich das Ich selbst frei und beschränkt sich in der Freiheit anderer. Diese gegenseitige Anerkennung der Freiheit bildet den obersten Rechtsbegriff. In der Rechtslehre selbst nun werden die drei Begriffe Urrecht, Zwangsrecht und Staatsrecht nacheinander und auseinander entwickelt. Der wirkliche Staat soll dem Vernunftstaate entgegengebildet werden, durch Politik (was hier also ein eigenthümlich gefärbter Begriff ist). Jede Staatsverfassung, die diese Evolution ihrem Wesen nach zulässt, ist rechtmässig. — Durch die Rechtslehre ging das Ich auseinander, in der Sittenlehre wird es wieder zusammen gefasst. Recht ist die äussere Nöthigung, Sittlichkeit die innere Nöthigung zur That. Wie das äussere Ich zu dem Rechtsbegriff gelangt durch den Conflikt seiner eigenen Freiheit mit der anderer, so das innere zu seiner Sittlichkeit durch den Gegensatz des vernünftigen und natürlichen Triebes. Das vernünftige Ich hat nämlich den Trieb zu absoluter Freiheit (formales Prinzip der Sittlichkeit), das natürliche Ich hat den Trieb zu unumschränktem Genuss. Die transcendentale Einheit dieser beiden in der *Selbstthätigkeit* des Ich bildet die Synthese der beiden Gegensätze. Wie bei Kant ist das natürliche Ich dem vernünftigen zu subordiniren. Wohl soll der natürliche Trieb seiner selbst gemäss auf die Natur gehen, aber in dieser Thätigkeit sich zu immer höherer Freiheit herausarbeiten, d. h. der sittliche Trieb soll dem vernünftigen nachstreben, welcher letztere sich in der Unendlichkeit verliert. Asymptotische Annäherung zu absoluter Unabhängigkeit in einer fortlaufenden Kette von sittlichen Handlungen ist also sittliche Aufgabe des Ich. Nur die Handlung aus Pflicht ist sittlich, niemals der Naturtrieb: handle nach deinem Gewissen, das dich nie täuscht. Hier wird dann die Pflichtenlehre entwickelt.

Wir übergehen *Schelling*, der auf Fichte folgt, einmal weil das Philosophiren dieses Mannes in einer fortwährenden Strömung begriffen, in einem Halten und wieder weiter Suchen, wodurch es zu umständlich sein würde, den jeweiligen ethischen Standpunkt zu fixiren oder auch nur anzudeuten; sodann aber ist auch die Speculation Schellings namentlich in der späteren Entwicklung zu sehr mit religiös dogmatischen, mystischen, gnostischen und anderen heterogenen Elementen verquickt; und endlich kann man von Schelling nicht sagen, dass er Neigung und Begabung zu specifisch ethischem Philosophiren gehabt, während er für Natur und Kunst einen so offenen Sinn und geniale speculative Veranlagung bezeigte.

An Fichte schliesst sich in unserer Betrachtung enger der letzte grosse Ausläufer des deutschen Idealismus, *Hegel*, an. In ihm feiert die Deduktion ihren Meister. Wir werden nachher noch wiederholt auf Hegel's Philosophie und Philosophiren zurückkommen, vorerst nur eine Scizze seiner ethischen Position. Die Ethik fällt bei Hegel in sein eines streng geschlossenes System der sich selbst entwickelnden absoluten Idee. Der Philosoph Hegel macht sich gleichsam zum geheimen Zuschauer des ewigen Geburtsprozesses der viel-einen Idee, die das ganze Universum, Reales und Ideales, und folglich auch das Ethische aus sich heraus entwickelt.

Die Ethik ist ein organischer Theil von Hegel's „Logik": so hätte er sein *ganzes* System nennen dürfen.

Der *Wille*, d. i. der durch die Stufen der Anschauung, Vorstellung und Denken hindurchgedrungene Geist, bildet sich durch Ueberwindung der natürlichen Triebe zum freien Willen, zum objektiven Geiste aus. Der freie Wille realisirt sich in Recht, Sitte und Staat: Die Vernunft realisirt sich in ethischen Institutionen. Der anerkannte freie Wille ist das *Recht;* das die Rechte besitzende und handhabende Individuum ist Person. Die Person setzt (wie bei Fichte) eine äussere Sphäre ihrer Freiheitsbethätigung. Aus der Relation der gegenseitigen individuellen Freiheit entsteht der Vertrag und aus diesem in der Weiterbildung der Staat. Das Staatsverhältniss als aufgehobenes Moment des allgemeinen und besonderen Willens in's Subjekt verlegt, ist *Moralität.* Moralität ist pflichtmässiges Handeln aus Gründen; in seiner Blüthe zeitigt dies das Gute, die Versöhnung und Einheit des subjektiven mit dem allgemeinen Willen. Sein Gegentheil ist das Böse. Die Verschmelzung der beiden in der Moralität nach abstrakt gegenüber stehenden Prinzipien des sein sollenden Guten und des zwischen Gut und Böse *wählenden* freien Willens ergiebt die *Sittlichkeit.* Aus ihr resultiren die sittlichen Institutionen: Familie, bürgerliche Gesellschaft, Staat. Im Staate ist die sittliche Idee voll und ganz verwirklicht und soll sich dieser objektiv gewordenen Sittlichkeit das Individuum mit seiner vollen ethischen Persönlichkeit widmen. Aus dem Conflikt der Einzelstaaten spinnt sich die Weltgeschichte zusammen, eine Selbstverherrlichung der absoluten Idee.

Wir dürfen diese kurze Uebersicht der Stellungnahme der wichtigsten ethischen Systeme zur Metaphysik nicht schliessen, ohne auch den Philosophen erwähnt zu haben, der für die Feststellung der philosophischen Sittenlehre ein so grosses Verdienst erworben und dessen Name in jeder Geschichte der Ethik als einer der hervorragendsten und bedeutendsten wird genannt werden, wir meinen *Schleiermacher.* Wie aber auch er trotz seines natürlichen Gefühls gegen ein solches Verfahren, das ihn bisweilen oder gar oft aus der strengen Bahn der Deduktion herauslockte, doch im grossen und ganzen, im Prinzip dem Grossmeister der Deduktion und Dialektik, Hegel, folgt, ergiebt sich aus §. 1 seiner Sittenlehre ¹). Auch jenes Philosophen sei noch Erwähnung gethan, der leider durch die Schwer- z. Th. Unverständlichkeit seiner Sprache (die er für richtiges Deutsch ausgiebt) sich seine in vieler Beziehung wohlverdiente Anerkennung selbst entzogen: *R. Chr. Fr. Krause*'s. In dem 1810 zu Leipzig erschienenen Buche „System der Sittenlehre", das zum Glück noch nicht jenes Musterdeutsch enthält, heisst es auf Seite 9: „Wenn also, was vorhin gesagt wurde, nicht trügt, so muss auch die Sittenlehre rein wissenschaftlich und unabhängig von aller Erfahrung aufgebaut werden, damit eben vermöge dieser übersinnlichen Erkenntnisse die Erscheinungen der handelnden Vernunft in der Erfahrung, sie mögen nun ein Sittliches oder Unsittliches an's Licht bringen, gehörig gewürdigt und in ihren ewigen Gründen eingesehen werden können."

Krause schickt nun in der That, ehe er zur Darstellung der Ethik übergeht, seine gesammten metaphysischen Anschauungen voraus und stellt sich so auch würdig zu der Reihe von Philosophen, die die Ethik aus der Metaphysik demonstrirten ²).

---

1) „Soll irgend eine besondere Wissenschaft vollkommen dargestellt werden: so darf sie nicht rein für sich anfangen, sondern muss sich auf eine höhere und zuletzt auf ein höchstes Wissen beziehen, von welchem alles einzelne ausgeht." Vgl. die treffliche mit Anmerkungen versehene Ausgabe der Schleiermacher'schen Ethik in der philosophischen Bibliothek des Herrn von Kirchmann. Band XXIV.

2) Man kann nicht sagen, dass die aus der Metaphysik demonstrirten Sittenlehren sich in die Volksmasse vertieft und dort dauernden Einfluss und Wirkung gezeigt hätten. Weder vermochten im Alterthume die Lehren eines Plato den griechischen Geist in seiner sittlichen Frische und idealen Thatkraft zu erhalten und vor dem Untergange zu bewahren, noch auch haben die Lehren eines Spinoza, abgesehen von ihrem Einfluss auf einzelne hervorragende Männer, wie Lessing, Göthe u. s. w. jemals praktische Bedeutung gehabt. Eher lässt sich schon von der

Schon im Anbeginne des menschlichen Denkens und Dichtens, als die Philosophie noch im Gewande der religiösen Phantasie erschien, erforderte bereits die Antwort auf das Wozu irgendwie eine Antwort auf das Woher. Von dem Interesse an dem Wozu ging der Mensch aus und steht ihm als Menschen ja auch naturgemäss dies Interesse immer höher. So lange die Religion ausschliesslich noch die Stelle der Philosophie inne hatte, lag diese intimere Beziehung offen zu Tage; als aber die eigentliche Philosophie begann, wurde diese Position des Menschen zu den beiden Fragen verschoben und verdunkelt. Der Mensch im allgemeinen wollte auch von dem Philosophen eine Antwort auf sein Wozu und gestattete jenem nur das vorbedingte Woher sich nach seinem höheren Denkvermögen auszulegen. *So lässt sich nun die ganze jahrtausendlange Entwicklung der Philosophie von Thales bis auf Hegel als eine synthetische Beantwortung der ersten Frage ansehen.* Die Philosophen, wenngleich sich im Laufe der Entwicklung der Speculation für

---

Kant-Fichte'schen Sittenlehre eine lebendige Wirkung aussagen', doch betraf die zumeist nur das damalige ideale Deutschthum, während die rationelle Ethik Hegel's in einem noch engeren Raume fruchtbar wurde: für die Entwicklung des preussischen Staates zu seiner Hegemonie über Deutschland. — Wenn nun aber aus diesen grossen Musterbildern heraus heutzutage von volksthümlichen Sittenlehrern Varianten aller Art gebildet werden, und jeder dieser Sittenlehrer unter möglicher Sicherstellung seines theoretischen Standpunktes seine Moralprinzipien herausarbeitet, so kommt dabei neben dem überall geltenden langweiligen und ermüdenden Tone des Moralisirens eine solche bunte Reihe von sittlichen Programmen zu Stande, dass „einem jungen Manne, der aus dem Studium aller heut noch vertretenen Moralprinzipien eine feste Grundlage für sein praktisches Verhalten finden wollte, allerdings die Wahl schwer fallen dürfte, und er leichter als zu jedem andern zu dem Ergebniss käme, dass bei so zahlreichen Widersprüchen über die Grundlage der Moral eine solche wohl überhaupt illusorisch sein möchte." Vgl. Phänomenol. d. s. B. S. X der Vorrede.

sie das Verhältniss so gestellt, als ob das Interesse an dem Woher das erste und hauptsächlichste sei, sprachen gleichsam doch im Sinne der ursprünglichen Position: Wenn wir das Woher der Welt so und so setzen, was ergiebt sich daraus für das Wozu und speciell für das Wozu des Menschen? Diese fortlaufende sich immer mehr vertiefende theoretische Hypothese erreicht ihre höchstmögliche Gestaltung in Hegel. Wenn wir die vorphilosophische, religiöse Periode mit in Betracht ziehen, hatte in grauer Vorzeit der erste unbekannte „Philosoph" aus dem Volke diese Entwicklung nothgedrungen inaugurirt, und in Hegel war sie ausgemündet, in einem System, dessen Gedanken und Sprache nur wenigen, den „Sachverständigen" zugänglich. Hegel hielt von seiner Philosophie, dass sie in gewissem Sinne die höchste sei, d. h. dass sie nicht nur an Gültigkeit und Bedeutung die vorangegangenen Philosopheme überrage, sondern dass ihr Prinzip auch ein solches sei, was die vorangegangenen Entwicklungsphasen als Momente unter sich organisch befasste. Er glaubte, der philosophische Geist in der Menschheit habe sein Ziel und den Gipfel erreicht, wo angelangt er zurückblicken könne auf die Bahn, die er durchlaufen. Von hier aus betrachte er die Stationen des Weges, die einzelnen metaphysischen Prinzipien, die sich gegenseitig herausbildend zuletzt in das durchaus massgebende und umfassende ausmündeten. Wenn nun, wie wir in der vorangegangenen historischen Uebersicht gezeigt, der ethische Standpunkt meist eine Folgerung aus dem metaphysischen Prinzip war und Hegel die Spitze der speculativen Entwicklung wirklich bildet, also sein theoretisches Prinzip wirklich ein alle früheren unter sich befassendes ist, so folgt daraus, dass auch die aus diesem metaphysischen Prinzip herausgewachsene Ethik eine solche sein muss, welche alle früheren überragt; die Hegel'sche Ethik muss die krönende Ausläuferin der praktischen Philosophie sein. Hier würde also das ethische

Prinzip aus dem höchsten metaphysischen gleichsam logisch-mathematisch herausgerechnet sein. Den Weg, den die Philosophie bis auf Hegel in theoretischer Weise durchlaufen, nämlich allmähliche Herausbildung einer metaphysischen Anschauung, die immer giltiger und umfassender wie die vorige, macht das Hartmann'sche Buch „Phänomenologie des sittlichen Bewusstseins" in einem Zuge in Bezug auf die praktische Philosophie durch; und nothgedrungen muss, da die hier vom Gesichtspunkte der Eudämonie als a priori möglich angeführten, sich gegenseitig überbietenden Standpunkte meist auch geschichtlich verwirklicht und die so geschichtlichen ethischen Positionen Ausflüsse der metaphysischen Entwicklung sind, ein höchstes Moralprinzip, was sich in der Geschichte der Philosophie bei dem abschliessenden System aus der Theorie ergab, hier in der kritischen Untersuchung der rein für sich betrachteten praktischen (ethischen) Entwicklung auch ergeben. Ein solches *gemeinsames* Moralprinzip ist in der That vorhanden; es ist kurz bezeichnet das absolute Moralprinzip und dürfte so formulirt werden: *Im Bewusstwerden der eigenen Zugehörigkeit zum Absoluten als Moment seines Seins gieb dich an dasselbe hin in ethischer Bethätigung.*

Hegel, der Ausläufer jener Speculation, deren metaphysische Prinzipien rein logische sind und die in Folge dieser Logicität des Absoluten in der Praxis einem Optimismus huldigen und eine positive Moral aufstellen, war so in der Erklärung des Woher aufgegangen, dass er den begleitenden individuellen Gemüthszustand bei der Entwicklung und Entfaltung der absoluten Idee *in das Absolute selbst* verlegte und die Eudämonie Gottes (d. abs. Idee) in der Bespiegelung seiner selbst sah. So weit war also die Theorie, die anfangs nur im Dienste der Praxis stand, gelangt, dass sie die letztere nur als pathologisches Moment zu ihrer selbstherrlichen Alleinheit verwerthete.

Ethische Aufgabe des Menschen ist bei Hegel die Eudämonie Gottes fördern zu helfen durch Beihülfe an der Objektivation des Sittlichen in den sittlichen Institutionen. Aber wenn überhaupt die Hegel'sche Philosophie dem Laien unverständlich, so war besonders mit diesem Kopfgedanken dem Menschen schlechterdings nicht beizukommen. Die alte Herzensfrage des Wozu wurde durch die kalte Logik Hegel's und den seiner Wirklich-Vernünftigkeit sich freuenden Gott nicht befriedigt. Ganz anders der Pessimismus, der zwar auch mit Hegel das höchste Moralprinzip der Hingabe an Gott in ethischer Bethätigung gemäss des individuellen Cultur- und Bildungsgrades forderte, aber nicht zur Verherrlichung Gottes, sondern zur Erlösung, wodurch der Mensch dann sich zugleich selbst miterlöste. Durch diese Stellung zu Gott ist seinem Gemüthsbedürfniss Genüge geleistet, was die frostige Vernünftigkeit Hegel's nicht vermochte.

Wir werden später noch sehen, ob sich das dem Moralprinzip der Verherrlichung Gottes diametral entgegen gesetzte Moralprinzip der Entsühnung Gottes, wie letzteres der Pessimismus aufgestellt, haltbar ist. Jedenfalls darf aber schon jetzt gesagt werden, dass eine Philosophie im Sinne Hegel's, ein Panlogismus nur dann auf allgemeines Zugeständniss und Theilnahme zu rechnen hat, wenn in diesem Panlogismus die Frage nach dem Wozu in allgemein befriedigender Weise gelöst, was vielleicht durch eine Concordanz zwischen Hegel und Hartmann in Bezug auf die pathologische Gottesfrage zu erreichen wäre. *Eine panlogistische Universalphilosophie ist nur dann möglich, wenn die pathologische Gottesfrage d. h. die Frage nach dem Lust- und Unlustverhältniss in Gott als dem psychischen Träger des Universums für den Menschen befriedigend und beruhigend: religiös* [1]) *und für den Philoso-*

---

1) Dieser erste Punkt ist die Hauptsache.

phen im Sinne des Panlogismus als ausfliessend aus seinem eigensten Prinzip: logisch gelöst. — Zur Anbahnung dieser Universalphilosophie hat aber eben der Pessimismus durch seine hauptsächliche Beschäftigung mit der pathologischen oder wie Hartmann sie nennen will, axiologischen[1]) Frage sich die höchsten Verdienste erworben.

Wenn die Philosophie nicht eine Domäne weniger Fachgenossen, sondern Allgemeingut der fortstrebenden Menschheit sein und werden soll, so muss sie mit dem den Menschen auch zunächst angehenden Fragen sich beschäftigen. Der erste Theil einer solchen Philosophie für die gesammte forschende Menschheit aber wäre unstreitig eine Gedankenentwicklung, wie sie uns das Hartmann'sche Buch „Phänomenologie des sittlichen Bewusstseins" in einer Jedem verständlichen Sprachform darbietet. Wie Hartmann selbst in der Vorrede zu seinem Werke bemerkt, ist diese Phänomenologie kein System der Sittenlehre, sondern nur ihrem Titel gemäss eine Bilderreihe der möglichen ethischen Standpunkte, wie solche durch die philosophische Entwicklung zum grössten Theil auch geschichtlich wirklich geworden sind. Der Verfasser ist nicht mit dem Gedanken an seine Arbeit gegangen, eine historische Nacheinanderfolge der ethischen Systeme zu geben, sondern er will sich diese entwickeln lassen in der Art einer Stufenreihe; worin der folgende Standpunkt den vorhergehenden durch den grösseren Anspruch auf Wahrheit und Vollkommenheit des Moralprinzipes überbietet, bis zuletzt auf dieses gewölbte Gebäude als Abschluss die Krone und Zinne gesetzt, ein moralischer Standpunkt erreicht wird, der alle bisherigen unter sich sieht und der vor jeder zur Zeit möglichen Kritik unantast-

---

1) Vgl. Neukantianismus, Schopenhauerianismus und Hegelianismus in ihrer Stellung zu den philosophischen Aufgaben der Gegenwart. S. 106 Anmerkung.

bar dastehen soll. Wenn nun hier Jemand einwenden möchte, es sei dies doch eben kein inductives Verfahren, sondern im Gegentheil ein dem Hegel'schen wohl nahe verwandtes, so ist zu erwidern, dass diese Construktion der möglichen ethischen Standpunkte eben durch die Geschichte zum grössten Theil bewahrheitet wird¹). Wir dürfen daher dem Verfasser beistimmen, wenn er behauptet, es habe sich ihm der vorliegende Stoff in seiner genetischen Entwicklung willig an die Hand gegeben und er sei nie zu einem unnatürlichen Zwange (wie Hegel) gedrängt worden. Das jeweilige ethische Prinzip wird nach seiner Haltbarkeit und Güte geprüft; aus dieser Kritik ergiebt sich die Speculation auf ein anderes, dem eben untersuchten insofern entgegengesetztes, als es frei von den hervorstechenden Mängeln des ersteren. So geht die Entwicklung durch die Kritik als negatives und durch die Speculation als positives Moment hindurch; aber es ist hier durchaus nicht von dem Hegel'schen Widerspruch und dem sich selbst verneinenden, in dieser Verneinung sich fortbewegenden Begriff die Rede. Aus den letzten Ergebnissen dieser phänomenologischen Untersuchungen lassen sich nun die Forderungen der eigentlichen Ethik genugsam einsehen. Dieselbe wird die Pflichten des Individuums in seinem Verhältnisse zur Gesammtheit in Bezug auf den absoluten Zweck des Weltprozesses des Weiteren zu entwickeln haben. Durch die Phänomenologie ist das unerschütterliche Fundament erbaut, auf dem sich eine umfassende Ethik erheben kann, eine Ethik, die nicht alles Bisherige über Bord wirft und etwas ganz Neues

---

1) Es ist bemerkenswerth, wie die geschichtliche Entwicklung der aus der Metaphysik resultirenden ethischen Prinzipien ziemlich conform geht mit dieser kritischen Selbstentwicklung. Natürlich erscheinen die historischen Standpunkte, die wir oben vorführten, nie so bestimmt und rein wie hier die in der Construktion herausgebildeten.

aufstellt, sondern die die relative Berechtigung und Wahrheit aller bisherigen Prinzipien, sowohl der historisch wirklich gewordenen als der überhaupt möglichen [1]), anerkennt, aber diese in einem gemeinsamen Bande umschlingt und zu einer letzten höchsten Einheit verknüpft. Auf diese Art hat sie auch noch einen besonderen wissenschaftlichen Werth. Uns mangelte bisher eine *genügende* Geschichte der Ethik [2]). Weil man nicht den richtigen Standpunkt finden konnte, von dem eine solche anzugreifen sei, blieb es bei einer aphoristischen Aufzeichnung des historisch gegebenen Stoffes. Eine Erzählung der bisherigen ethischen Systeme wurde geliefert, aber keine in sich geschlossene und sich entwickelnde, durch eine leitende Idee verknüpfte Darstellung [3]).

Hat sich nun in der Phänomenologie auf Grund dieser kritischen Untersuchung der Lösungen der ethischen Frage ein höchstes Prinzip der Moral ergeben, das zugleich auch das höchste metaphysische oder doch in irgend einer Form mit dem oder den metaphysischen verwachsen sein muss, so hat schon daran die der praktischen Untersuchung folgende theoretische Speculation, der zweite Theil der allge-

---

1) Diese möglichen sind bis in die feinsten Schattirungen vielleicht dagewesen. Wer erzählt uns von den ethischen Prinzipien, die alle in der Welt gewirkt haben in einzelnen hervorragenden Individuen sowohl wie in den ungenannten Unbekannten.

2) Vgl. die Werke von: *Christoph Meiners*, Geschichte der älteren und neueren Ethik oder Lebensweisheit, Göttingen 1801; *Karl Werner*, Grundriss einer Geschichte der Moralphilosophie, Wien 1859.

3) Wo man aber dieser blossen Aufzeichnung aus dem Wege ging und den eben angedeuteten Weg der inneren Entfaltung versuchte, da geschah es wieder, dass man in den Fehler der dogmatischen Ethiker verfiel und von einem einseitig theoretischen Standpunkte als Anhänger eines bestimmten Systems oder Schule die Geschichte der Ethik gab, und das Bisherige unter diesem doktrinären Standpunkte gemessen wurde. Vgl. hierauf hin besonders *Schleiermacher*, Grundlinien einer Kritik der bisherigen Sittenlehre, Berlin 1803.

meinen Philosophie, einen sichern Halt. Sie, die theoretische Philosophie würde, dies Prinzip dann noch in ihrem Ressort auf induktivem Wege nachweisend, es zur Erklärung der fertigen Welt zu benutzen und die Frage „Woher dies Alles?" zu beantworten haben. In der eben geschilderten Weise verhalten sich aber in der That die Phänomenologie und die Philosophie des Unbewussten, die beiden Hauptwerke des Pessimismus. Sollte aber bei näherer Prüfung und kritischen Durchdringung dieser Prinzipien sich herausstellen, dass aus ihnen sich eine Weltanschauung ergäbe, welche der durch reine Deduktion gewonnenen (Hegel'schen) sich verschmölze, so würde letztere dadurch in die erfahrungsgemässe, weil auf induktiver Grundlage ruhenden Wahrheit gerückt, die ihr anhaftenden Mängel und Auswüchse abgestreift, und wir hätten dann in der That eine höchste Philosophie auf induktiv-deduktivem Wege gewonnen.

Gerne gäben wir nun, wenn es der Raum dieser Arbeit gestattete, eine Uebersicht und Besprechung des *Gesammtinhaltes* der Phänomenologie als dem Fundamentalwerke des Pessimismus; das Buch ist jedoch so umfangreich, dass eine blosse Scizze des Gedankenganges schon selbst wieder ein kleineres Ganze für sich bilden könnte. Wir begnügen uns daher, die Endresultate der Untersuchung, worauf es übrigens uns auch letzthin nur ankommt, vorzuführen und hieran unsere Kritik und weitere Ausführungen zu knüpfen.

In der egoistischen Pseudomoral, mit der das Buch beginnt, sehen wir den menschlichen Willen seiner urwüchsigen Natur gemäss nur seinen Vortheil und seine Befriedigung suchen und auf dieser Stufe des sittlichen Bewusstseins die Sittlichkeit mit der Klugheit confundiren, indem er die richtige Wahl und Einordnung der Mittel zu seinen egoistischen Zwecken der Sittlichkeit gleichhält; in diesem Bestreben und Thun wird er ad absurdum geführt. — In der heteronomen Pseudomoral, der folgenden Stufe, entäussert sich der Individualwille seiner ihm zur Sittlichkeit nothwendigen Autorität und ist darum schon von vornherein auf dem Irrwege. Aechte Sittlichkeit ergiebt sich also aus der Vermeidung dieser beiden ersten Fehler. Selbstverleugnung einerseits und Selbstgesetzgebung andererseits sind zu wahrer Sittlichkeit nothwendige Bedingungen.

Im ächt sittlichen Bewusstsein kommen zuerst all die in dem Individualwillen schlummernden Triebe und Instinkte, die dem Ich unbewusst auf ein höheres denn sein Selbstwohl hinausarbeiten, zur wirksamen zwecksetzenden Geltung. Später werden sodann die Zwecke, auf die der Wille eben noch in seinen Instinkten hinarbeitete, bewusst als aussen liegende objektive Ziele erkannt und auf ihre Realisirung das menschliche Vermögen gerichtet. Es scheint aber dem Individuum hierbei selbstverständlich, dass die in der Idee anticipirten Ziele nicht allein bei ihm selber, sondern bei der Gesammtheit ihm gleicher Willen auf Grund der allen gemeinsamen Anlagen (Instinkte, Triebe) eine schlechthinnige Anerkennung finden und dadurch auch der Mitarbeit aller an der Verwirklichung sicher sind. Diese letztere Voraussetzung wird aber nicht erfüllt, so lange das souveräne Ich sich in seiner souveränen Ichheit fühlt, d. h. so lange der Individualwille sich nicht seiner Zugehörigkeit zum Alleinen bewusst, so lange der Individualwille nicht seine Zwecke zu Zwecken des Absoluten macht. Erst auf dieser höchsten Stufe des sittlichen Bewusstseins, wo also das Individuum sich als ein nothwendiges Glied in dem Rädergetriebe der Weltentwicklung weiss, als eine Faser erkennt, ohne die der ganze Baum nicht gedeihen und es (d. Ind.) selbst nicht gedeihen kann, erst auf dieser Stufe wird der Wahn einer Auflehnung gegen das Absolute eingesehen und werden die absoluten Zwecke als auch Zwecke des Einzelnen wissend gewollt.

Dieses letzte ethische Prinzip hat jedoch zwei Voraussetzungen, die beide metaphysischer Natur, nämlich einmal müssen das absolute Wesen und das Individuum wirklich ein und dasselbe Wesen sein, und ferner muss das Wesen des Absoluten der absolute teleologische Prozess sein. Beide Voraussetzungen sind verschwistert, eine kann ohne die andere nicht bestehen; für das sittliche Bewusstsein müssen demnach beide synthetisch verbunden werden und diese Verknüpfung lässt sich in der That widerspruchslos ausführen. An diesem letzten absoluten Moralprinzip findet das sittliche Bewusstsein einen unumstösslichen Halt: denn jetzt, aus diesem metaphysischen Prinzip, das sich auf dem Wege der Induktion als nothwendig ergeben, lassen sich alle Schwierigkeiten rückwärts beseitigen und jede sittliche Idee ist aus ihm logisch zu deduciren. Der Eigenwille, das potentielle Böse, ist ein für alle Mal diesem absoluten Moralprinzip gegenüber todt gemacht. Mit der Anerkennung der Wesensidentität aller Individuen verlor schon der Egoismus sein bestes Recht der Selbstbereicherung durch Weigerung zu fremden Diensten, mit der Anerkennung der Wesensidentität seiner selbst mit dem Absoluten gewinnt der bisher egoistische Mensch die Pflicht, sich dem Weltprozesse als der teleologischen Entfaltung seines eigenen substantiellen Wesens zu widmen und sich an der Realisirung der in der absoluten Teleologie schlummernden Zwecke zu betheiligen [1]). Jetzt hat das Individuum das rechte Verständniss für die Grenzen und die wahren Ziele seiner sittlichen Bethätigung gewonnen. Das oberste Prinzip bleibt stets: Ordne deinen Eigenwillen harmonisch dem Allwillen, wie solcher sich im absoluten Prozess dokumentirt, unter. Bei diesem obersten Grundsatze kann je nach Massgabe der Verhältnisse ein Plus oder Minus für das individuelle Wohl herauskommen; aber

---

[1]) Vgl. Ph. d. s. Bew. S. 835: „Von der Höhe dieses absoluten Moralprinzipes herab" u. s. w.

das ist nur Accidenz, niemals Selbstzweck. Das Auge unverrückt auf die sittliche Weltordnung gerichtet, hat der Mensch zu streben und zu handeln und darnach die Bethätigung für sich und andere abzuwägen, „um Gotteswillen" soll er handeln, um des in dem absoluten Prozess sich darlebenden alleinen Wesens. — Hartmann erörtert des Näheren den Unterschied dieses Gottesreiches von dem der alten und modernen Theologie, er wehrt sich gegen den Dualismus, den das theologische Gottesreich aufgestellt, indem es an dem substanziellen Unterschied des Kreatürlichen und Göttlichen und an der Jenseitigkeit oder Jenzeitigkeit der himmlischen Theokratie im Gegensatz zu unserm Erdreich festhält. Hartmann will erst dann der ihm entgegen kommenden neueren protestantisch-theologischen Speculation die Hand reichen, wenn letztere die Immanenz des Gottesreiches im Weltprozess zugestanden, Gott als den absoluten Träger dieses Prozesses anerkennt[1]).

Das absolute Moralprinzip, das allumfassende Moralprinzip, hat eine doppelte Bedeutung: einmal ist es Realprinzip, d. h. Grund der sittlichen Weltordnung, aller der bisher betrachteten ethischen Phänomene, die zu dieser führen und diese bedingen; ferner ist es ethisch erkenntnisstheoretisches Prinzip. Es hat also dies Prinzip eine ähnliche Stellung wie die Platonische Idee; die Platonische Ideenwelt, die auch Realgrund der Entfaltung des Ethischen, aber auch in gewissem Sinne des Physischen, und erkenntnisstheoretisches Prinzip nicht nur der physischen, sondern vor allem der sittlichen Welt ist. — Trotz dieses hohen Ranges und Werthes aber, den das absolute Moralprinzip einnimmt, darf es nicht in seiner Einzigkeit vom sittlichen Bewusstsein als Richtschnur des Handelns hingestellt werden; vielmehr soll unter ihm die ganze reiche Entfaltung, wie sie uns

---

1) S. 837 a. a. O.

die Phänomenologie vorgeführt hat, mitgedacht und mitinbegriffen werden. Die positive Ethik hat die einzelnen untergeordneten Moralprinzipien nach ihrer durch natürliche, politische und sociale Verhältnisse bedingten Bedeutung und Stellung zu würdigen und räumt Hartmann der *Individualethik* für die Zukunft eine grosse und verhängnissvolle Aufgabe ein. — Das höchste Moralprinzip, was die Phänomenologie ergeben hatte, wird im Abschnitt IV. der letzten Abtheilung unseres Buches noch des Genaueren erörtert, sein Inhalt und seine Bedeutung näher bestimmt und abgegrenzt. Das absolute Moralprinzip hatte gefordert, dass das Individuum seine Zwecke den unbewussten Zwecken des Absoluten einbilde, dass es Verzicht leiste auf den souveränen Eigenwillen, indem es letzteren dem zweck- und zielsetzenden Allwillen unterordnet. Diese Forderungen können nur dann vom Individuum erfüllt werden, wenn es sich der Relativität der Zwecke untereinander und ihrer gemeinsamen logischen Bezogenheit auf einen letzten Endzweck bewusst wird. Die Zwecke müssen sich gleichsam gegenseitig überdachen, bis zur Spitze des höchsten Gewollten. Ein blosser Glaube an dieses Ziel genügt dem Individuum nicht, da die Scepsis sich jederzeit neben demselben breit machen kann; eher kann schon eine durch Erfahrungsschlüsse wachsende Wahrscheinlichkeit der Ueberzeugung Genüge leisten. Befriedigend ist aber nur die Gewissheit, wie solche sich aus den Prämissen, die uns die bisherigen ethischen Untersuchungen geliefert, und wo möglich durch die Resultate theoretischer Philosophie ergiebt. In den bisherigen Untersuchungen kam es nur darauf an, die Evidenz der Sittlichkeit in den Individuen darzuthun; die Frage nach dem letzten Zwecke wurde als noch nicht der Betrachtung fähig und auch nicht nothwendig übergangen; jetzt aber am Ende der Entwicklung tritt sie gebieterisch heran. Und der Verfasser hält es für seine Pflicht, sie in seiner Weise zu beantworten, d. h. gemäss der Consequenzen seiner bisherigen Untersuchung. Ein Zurückweisen dieser Frage hält Hartmann mit Recht für unmöglich. Alle, die dieses thun, bekennen entweder ihre Feigheit, indem sie sich vor der Enthüllung wie vor dem entschleierten Bild zu Saïs fürchten, oder ihre Laxheit, indem ihnen die Antwort ganz gleichgültig, oder, wie das häufig wohl bei philosophischen Sceptikern geschehen mag, ihre Verdrossenheit, da sie „mit heissem Bemühn" vergebens gesucht und nichts gefunden. Der in kirchlichen Dogmen Befangene wird natürlich mit Hartnäckigkeit diese Frage, als durch die Offenbarung gelöst, schroff zurückweisen. Doch der Mensch rein als Mensch lässt sich nicht so leicht abspeisen, das Wozu tritt dringend jeden Tag an ihn heran, er will Beruhigung darüber; denn Zweifel ist schlimmer wie die schlimmste Gewissheit. Der Leser der Phänomenologie, der den bisherigen Verlauf der ethischen Untersuchungen verfolgt, wird am allerwenigsten diese letzte und gründlichste Frage fahren lassen, sondern getrost mit dem Verfasser diesen letzten Schritt thun.

Wir knüpfen an unsere obigen Ausführungen wieder an.

Giebt sich das Individuum dem Absoluten hin, macht es seine Zwecke zu dessen Zwecken, so geschieht dies in der stillschweigenden Voraussetzung, dass seine wenn auch noch so geringe Dienstleistung dem Absoluten zu Gute kommt. Also läuft der ganze aus Zwecken zusammengesetzte Weltprozess in seinem Ziele auf die Eudämonie des Absoluten hinaus. Alle aus Religion und Philosophie abgezogenen ethischen Forderungen haben mehr oder minder bewusst und deutlich dies Ziel der Eudämonie des Absoluten oder Gottes im Auge[1]). Die Eudämonie hat uns während der ganzen Untersuchung in der Phänomenologie begleitet; sie war das Triebrad der ethischen Bethätigung. Mit der

---

1) Vgl. S. 843 a. a. O.

Eudämonie fing der natürliche Mensch an, indem er sie für sich allein in Anspruch nahm. Aber sie wurde ihm abgesprochen und dem Anderen zuerkannt, dann der Gemeinschaft, und so weiter wurde sie immer höher hinauf verlegt bis zum Absoluten. Hier kann sie nicht weiter. Sie kehrt insofern an den Anfang zurück, indem sie wieder egoistisch wird, nur nicht mehr individuell egoistisch, sondern universal egoistisch, d. h. absolut. Dieser universelle oder absolute Egoismus steht nicht mehr unter der Prädizirung sittlich oder unsittlich; denn Sittlichkeit hat nur Geltung und Bedeutung innerhalb der Individuation: das Absolute ist übersittlich. Das absolute Moralprinzip hat sich also jetzt verwandelt in das absolut eudämonistische Moralprinzip.

Nun ist aber in diesem Moralprinzipe das eudämonistische Moment überwiegend geworden, während vorher das teleologische. Ersteres ist seinem Inhalt nach jetzt näher zu bestimmen und zu erörtern, damit zwischen beiden sich ein richtiges Verhältniss herstellt; die Mittelzwecke, die das Individuum angehen, müssen ihre richtige Beleuchtung von dem Endzweck, den das Absolute angeht, erhalten, damit der Mensch sich einsichtsvoll und energisch an der Arbeit betheiligt.

Zweierlei ist festzuhalten: erstens ist das Absolute der Träger aller aktiven und passiven psychologischen Thätigkeit der Individuen, zweitens *soll* durch den Weltprozess der Glückseligkeitszustand[1]) des Absoluten gefördert werden. Daher kann das Absolute im Weltprozess an seinem Glückseligkeitszustand nur gewinnen, wenn im Weltprozess wirklich durch die Summe der Einzelthätigkeit ein Lustquantum für das Absolute herauskommt. Demnach hätte nun eine axiologische Untersuchung hier zu entscheiden, ob letzteres

---

1) Wie derselbe vor dem Weltprozess beschaffen war, ist vorderhand gleichgültig.

der Fall, ob die Lust im Weltprozess der Unlust überlegen. Die axiologische Annahme von der Prävalenz der Lust kann an dieser Stelle nur am sittlichen Bewusstsein gemessen werden und zwar nach ihren drei Formen. Ein eudämonologischer Optimismus kann nämlich behaupten: 1) die Bilance der immanenten Glückseligkeit ist vor und unabhängig von der Sittlichkeit schon positiv (trivialer Optimismus), 2) wird durch die Sittlichkeit positiv (ethischer Optimismus), 3) wird über das sittliche Leben hinaus durch das religiöse Bewusstsein positiv (religiöser Optimismus). Alle drei Arten des eudämonologischen Optimismus werden als unhaltbar nachgewiesen, namentlich auch der religiöse Optimismus [1]).

Der positiv eudämonistische Weltzweck ist somit aufgehoben und der eudämonistische Pessimismus statuirt. „Das Leben ist überwiegend Qual; wenn einmal gelebt sein muss, so ist ein der sittlichen Weltordnung gemässes Leben noch immer das relativ erträglichste Leben[2]).“ Die Jagd nach Glückseligkeit ist auf religiösem Gebiete ebenso vergebens wie auf irgend welchem andern. Die Kritik muss wie sämmtliche so auch diese Illusion als theoretisch unhaltbar zerstören und das lautere sittliche Bewusstsein muss sie verdammen. Der volle Verzicht auf individuelle Glückseligkeit, der „wunschlose Himmelsfriede der ungetrübten weihevollen Resignation“ ist der Punkt, zu dem das sittliche Bewusstsein anlangen muss. Eine positive Glückseligkeit für das Individuum existirt nicht und kann nicht existiren. „Der Versuch, einen positiven eudämonistischen Zweck des Weltprozesses nachzuweisen, ist in jeder Hinsicht gescheitert“.

---

1) Um seine Aufrechterhaltung soll es sich vielleicht in der nächsten Phase des literarischen Pessimismusstreites handeln. Vgl. S. 853 a. a. O.

2) Vgl. übrigens S. 851 (letzter Absatz) a. a. O.

Die bisherige Untersuchung hatte aber ergeben, dass 1) ein absoluter Zweck vorhanden, 2) der absolute Zweck ein eudämonistischer; nun kommt hinzu: 3) dass der Weltprozess diese Idee der Eudämonie *nicht* realisirt. Folgerung: Annahme eines *negativ eudämonistisch absoluten* Zweckes, d. h. eines Zweckes, der den negativ eudämonistischen Zustand des Absoluten fortwährend aufzuheben, d. h. selbst wieder zu negiren trachtet. Widerspricht nun diese metaphysische Anschauung, die das folgerichtige Denken fordert, dem sittlichen Bewusstsein selber oder seinen übrigen strikten Voraussetzungen? Nein! Dieser letzte Weisheitsschluss, der nun auch das eudämonistische Moment im absoluten Moralprinzip hinlänglich inhaltlich bestimmt[1]), ist nur „der Schlussstein des ganzen Gewölbes" der Sittlichkeit, das „Schlusswort des angefangenen Satzes".

Die metaphysische Anschauung Hartmann's gestaltet sich demnach aus der Phänomenologie folgendermassen.

Gott, das Absolute, befindet sich vor dem Weltprozess im Zustande der Unseligkeit, welche in dem einen Attribut des Absoluten, dem Willen zu suchen. Um dieser Unseligkeit zu entgehen und den in seinem Wollen vernunftlosen Willen zu überwinden, taucht sich Gott in den Weltprozess, d. h. entfaltet sich die Welt in der Realisirung der vieleinen Idee, dem andern Attribut des Absoluten, durch den Willen. Die theoretische Philosophie (Phil. d. Unb.) weist nach, wie in allem Kreatürlichen die beiden Prinzipien Wille und Vorstellung sich verbinden, wie das unbewusste Absolute in seinen beiden Attributen *weltwirklich*, wie aber dies Weltwirklichsein des Unbewussten ein Prozess, in dem sich immer mehr das logische Prinzip, die Idee, aus der Umstrickung durch den blinden Willen herausarbeitet, um endlich den vollständigen Sieg davon zu tragen, sich von dem

---

[1] Vgl. S. 40, 2. Absatz.

Willen zu befreien und dieser *nachweislich* jammervollen Weltwirklichkeit ein Ende zu machen. Die Phänomenologie belehrt uns jetzt über die metaphysische Ursächlichkeit dieses Weltprozesses und erörtert das in der theoretischen Philosophie nur kurzhin aufgestellte ethische Prinzip der Allerlösung: durch gemeinschaftliche Culturthätigkeit den blinden Lebenswillen zur Hellsicht zu bringen, dass er sich selbst erkennt und auf sein ferneres thörichtes Wollen verzichtet. — Wie nun diese Trennung der beiden Prinzipien, das *Auseinandergehen* dieser Welt zu denken ist, sagt uns auch Hartmann hier in der Phänomenologie nicht. Er gesteht selbst ein, dass Art und Weise der letzten Verbindungsglieder in Nebel gehüllt sind. Aber darauf macht er nachdrücklich aufmerksam, dass sein Gott, wie ihn die Phänomenologie des sittlichen Bewusstseins herausgearbeitet, ein Gott sei, der alle bisherigen überrage und dem jedes sittliche Individuum nur die tiefsten Sympathien entgegen bringen könne[1]). Die Liebe zu Gott schlägt in das Mitleid mit Gott um, ein Mitleid, das sich „in der Beziehung einer absoluten praktischen Solidarität mit dem Absoluten stehend weiss und demgemäss seine Gesinnungen und Handlungen einrichtet". Im Gegensatz zur mystischen Gottesseligkeit ist dies der Gottesschmerz, der weder Weltfreude noch Weltleid, sondern Weltfrieden gewährt.

Die Phänomenologie schliesst ab mit dem Satze: „Das reale Dasein ist die Incarnation der Gottheit, der Weltprozess die Passionsgeschichte des fleischgewordenen Gottes und zugleich der Weg zur Erlösung des im Fleische Gekreuzigten[2]), die Sittlichkeit aber ist die Mitarbeit an der Abkürzung dieses Leidens- und Erlösungsweges."

---

1) Vgl. S. 867 a. a. O.
2) Es ist dies das formulirte Bekenntniss jener Dichter des „Weltschmerzes": eines *Byron*, *Lenau*, *Schumann* u. s. w.

Gehen wir nunmehr zu einer näheren Betrachtung dieser letzthin gewonnenen Anschauungen des Pessimismus und zu einer Kritik der metaphysischen Prinzipien in ihrem gegenseitigen Verhältniss und ihrer Bedingtheit durch praktische und theoretische Philosophie über.

Ph. d. s. B. Seite 865 unten heisst es: „Am Ende aber ist schon der Begriff einer positiven transcendenten Seligkeit Gottes ein Rest anthropopatischer Idealdichtung" u. s. w. Trotz Hartmann's Abwehr in der Anmerkung auf der folgenden Seite müssen wir dasselbe von der transcendenten *Unseligkeit* seines Absoluten behaupten. Denn wie kommt er zu derselben? Dadurch, dass er unseren menschlichen Individualwillen mit seiner Unlustempfindung der Nichtbefriedigung auch in das Absolute hineinverlegt. Er glaubt, ohne diese ginge dem Philosophen die Befähigung zur Erklärlichmachung des Weltprozesses ab. Aber da er seine Philosophie selbst als eine hypothetische hinstellt, so lässt doch eben dieser ihr hypothetischer Charakter noch andere Welterklärungen zu, die vielleicht ohne den Willen auskommen.

Wir gehen auf die Hartmannsche Ansicht näher ein. Nach ihr befindet sich also Gott vor dem Weltprozesse im Zustand der Unseligkeit. Um diesen zu beseitigen, nimmt er das unsägliche Leid, die Unseligkeit, die der Prozess mit sich bringt, auf sich, um seine vorweltliche Qual zu vermindern. Offenbar nur, wenn dies letztere auch wirklich geschieht, hat das Absolute *logisch*[1]) gehandelt; es ist daher *nicht* unerheblich, wie Hartmann meint, ob die transcendente Unseligkeit des Absoluten der Intensität nach grösser oder kleiner ist als sein immanentes Leiden im Weltprozess; erstere muss unbedingt als grösser angenommen werden.

---

1) Die Weltsetzung ist also ein logischer Akt: vgl. 866 oben: „Dann musste von selbst sich der *Vernunftzweck* darauf richten" u. s. w.

Hartmann behauptet, eine endlose Qual wäre immerhin schlimmer, als eine noch so intensive endliche.[1]) Abgesehen davon, dass hier Hartmann für das vorweltliche Absolute die Zeit in Anspruch nimmt, was er sonst ablehnt, wäre es doch noch die Frage, ob eine der Unendlichkeit sich asymptotisch nähernde endliche intensive Qual jener unendlichen vorzuziehen sei. Aber gesetzt auch, das Verhältniss stellte sich so, dass eine an Intensität grössere endliche Qual sich der unendlichen gegenüber als axiologisch zu wählende darböte, so hätte dies doch nur dann einen Sinn, wenn dadurch auch die *Garantie für die absolute Schlichtung* jener transcendenten Unseligkeit gewonnen würde. Nun aber lässt sich der Wille *niemals* belehren, und im Augenblicke, wo die Welt erlöst ist, d. h. wo der eine Weltprozess aufhört, kann der zweite beginnen, oder über kurz oder lang.

Man darf daher, in den Hartmann'schen Prinzipien stehend, nur annehmen, dass das Absolute durch das immanente Weltleid sich von seiner transcendenten Qual erlöst und auch fortwährend erlösen wird, dass also die Zahl der Weltprozesse eine unendliche ist.

Hartmann fährt S. 866 unten fort: „Der Zustand der transcendenten Unseligkeit würde in jenem Unlogischen und zwar als aktuellen zu suchen sein." Wie, im *aktuellen?* Das ist ja eben der die Idee ergriffen habende Wille, das ist ja der *Weltprozess selbst*. Soll nicht etwa dem Willen noch ein *drittes* Stadium ausser seiner Potenzialität und Aktualität zuertheilt werden, so ist der Träger des transcendenten Wehes der Wille *in potentia* und der des immanenten Wehes der Wille *in actu*. Setzt aber Hartmann zwischen diese beiden Willensstadien noch ein drittes, den Willen, der schon zum Wollen übergegangen, aber noch nicht die Ideenwelt

---

1) Vgl. S. 866 a. a. O. (zweiter Absatz).

ergriffen hat¹), so geräth er mit sich dadurch in Widerspruch, dass hier für den mittleren Willen die Zeit in Anspruch genommen wird, die doch ausdrücklich erst mit dem dritten Willen gesetzt sein soll. ²) Denn was liegt zwischen diesen beiden Punkten: Wirklich-Wollen und die Welt-Wollen, wenn sie überhaupt nicht *zusammen* fallen sollen, als *Zeit?* Doch wie gross soll die Zeit sein? Die beiden Enden dieses metaphysischen Zwischenaktes verschmelzen offenbar *in einen Moment;* denn im Augenblicke, wo der Wille aktuell wird, also unselig wird, im *selben* Augenblicke muss sich der Vernunftzweck darauf richten, diesen Zustand der Unseligkeit zu beseitigen. (866 oben).

So tritt aber uns der Widerspruch der praktischen und theoretischen Philosophie in Bezug auf das Verhältniss der metaphysischen Prinzipien entgegen. S. 482 d. Phänomlg: „Das Einzige, was nicht logisch begründet ist, ist das Dass des allgemeinen Daseins" u. s. w. wiederholt die Anschauung der Philosophie des Unbewussten. Hierzu tritt die eben angeführte Bemerkung auf S. 866 d. Phänomlg. in offenbaren Widerspruch. — Stellt sich aber nun das Verhältniss so, dass für den Willen zwei Stadien in Betracht kommen: 1), die Unseligkeit vor und 2), die Unseligkeit im Weltprozesse und ist letztere als vernünftiger logisch nothwendig gegeben, so ist sie ewig gegeben. Denn das Unbewusste als hellsehend und unbewusst absolut vernünftig musste von Ewigkeit her die Einsicht haben, dass sein Zustand im Welt-

---

1) Solche Anschauungen, die man übrigens erst in die unklaren Ausführungen auf S. 866 f. hinein interpretiren muss, sind doch jedenfalls metaphysisch „romanhaft" und — unverständlich.

2) Vgl. Neukantianismus, Schopenhauerianismus und Hegelianismus. Erweiterte Auflage der *Erläuterung zur Metaphysik des Unbewussten* von E. v. Hartmann. Berlin, C. Dunker's Verlag (C. Heymons) 1877. Abschnitt C, 17 S. 317 f. (Wir citiren von nun an das Buch unter dem zweiten Titel: Erläuterungen u. s. w.)

prozess ein immerhin erträglicherer war, musste also von Ewigkeit her sich von der transcendenten Unseligkeit befreien und sich in den Weltprozess stürzen.

Im Uebrigen bleibt aber bei dieser ganzen Anschauung der Wille der Träger der Welt. Hartmann redet von ihm als dem leidenden Gotte; und so stempelt er das eine Attribut seines Absoluten zum besonderen Absoluten. Hierdurch tritt sein ganzer Gott in ein schiefes Verhältniss. Er ist ein sehr sonderbarer Gott; er leidet an dem einen Theile seiner Dreieinigkeit. Das absolute Subjekt, das Unbewusste, der Träger von Wille und Vorstellung steht nach dieser Anschauung eigentlich in ewiger Ruhe hinter seinen beiden Attributen, von denen das eine, die Vorstellung, die vieleine Idee in ihrer inneren Entfaltung, durchaus keine Veranlassung geben soll, den Frieden der Gottheit¹) zu stören, während der böse Wille gerade im Gegentheil diesen Frieden, diese Seligkeit in die absolute Unruhe und Unfrieden, in die Gottesunseligkeit zu verkehren droht und wirklich verkehrt. Das Unglück des ganzen Gottes ist nun einmal dies verhängnissvolle Attribut, der Wille, den aus der Welt zu schaffen sich Gott die unendlich vergebliche Mühe macht.²) — Hartmann wird doch wohl nicht beanspruchen, dass diese philosophische Anschauung in ihrer Sonderlichkeit und metaphysischen Romanhaftigkeit mehr Anrecht auf Beifall und Glauben gewinnen könne als das Geheimniss der christlichen Trinität oder die mystisch theistische Vorstellung irgend einer anderen bedeutenderen Religion.

---

1) Ja wohl: Gottheit; denn es handelt sich hier um eine Vater- (das absolute Subjekt), Bruder- (der Wille) und Schwester- (die Idee) schaft.

2) Er muss sich immer auf's Neue wieder „den juckenden Ausschlag oder das schmerzhafte Zugpflaster" der Weltwirklichkeit appliciren. S. 866 a. a. O.

Aber gestehen wir einmal das Verhältniss zu, wie es von Hartmann gesetzt ist. Der Wille in seiner Wollensgier ergreift also mit Nothwendigkeit die Idee in ihrer unendlichen inneren Entwicklung; dass diese logische Entfaltung der Idee eine unendliche, erkennt Hartmann an.[1]) Der Wille hat also zu seiner Befriedigung eine Unendlichkeit vor sich. Gesetzt nun, er wäre auch unendlich wollend, so müsste doch, da auf der andern Seite er kein Minus vorfindet, sich keinen Abzug von seinen Ansprüchen auf unendliche Befriedigung gefallen zu lassen braucht (denn die Idee bietet sich ihm ja willenlos in ihrer Fülle dar), sein Verlangen gestillt werden. Woran liegt es denn nun, dass er nicht *satt* wird? Nun soll aber nach Hartmann sogar nur der Wille *in actu* die Idee in sich befassen, der Wille *in actu*, der als endlicher der unendlichen Befriedigung durch die Idee entgegensieht; da müsste es doch erst recht geschehen, dass dieser hungrige Wille vollständig seinem endlichen Wollen durch *Hineintauchen in den Abgrund der unendlichen Idee* Genüge leistet. Für den Willen selbst und demnach für den Glückszustand des Absoluten folgt aus diesen Betrachtungen gerade das Gegentheil von dem, was Hartmann postulirt: nicht die höchste Unseligkeit, sondern die höchste Seligkeit Gottes.

Es sind die oben gemachten Consequenzen insofern neu, als sie durch Kritik der Resultate der praktischen Philosophie (letzten Kapitel der Phänomlg.[2]) sich ergaben. Obwohl nun die erfahrungsgemässe Untersuchung, wie sie uns die Ph. d. s. B. darbot, so vortreffliche Resultate im Ein-

---

1) Vgl. Erläuterungen z. M. d. U. S. 343 Zeile 16.
2) Hier hat übrigens der Pessimismus sein letztes Wort gesprochen und wird er nun der Geschichte verfallen. Es kann ihm nur noch ferner darauf ankommen, seine einmal genommene Position in der philosophischen Frage auf den auch ihr zukommenden Wahrheitsgehalt zu vertheidigen.

zelnen und eine so weitgehende Uebersicht und tiefe Einsicht in das Wesen der Sittlichkeit verschaffte, verwickeln sich doch die aus dieser ganzen Betrachtung am Ende gefolgerten metaphysischen prinzipiellen Anschauungen in Nebel und Widersprüche. Die Untersuchung aber war in ihrem Verlaufe klar, überzeugend und in ihren Ansprüchen unabweisbar. Also muss sich, da das Facit der Rechnung ein so wunderliches ist, am Ende doch ein Fehler eingeschlichen haben. Wir werden später auf diesen Punkt zurückkommen und zu zeigen versuchen, wie nach unserer Meinung der ganze Aufbau der Propädeutik für die Ethik bestehen bleiben kann, wenn man ihm nur eine andere Krone aufsetzt.

Betrachten wir nun nach dieser Kritik der metaphysischen Prinzipien aus der praktischen Philosophie dieselben im allgemeinen.

Das unbewusste Subjekt, der Träger von Wille und Vorstellung, ist das Absolute. Warum hat nun das Absolute gerade die beiden Attribute Wille und Vorstellung? Es hat sie, weil diese beiden Funktionen auch die zwei Hauptfunktionen der menschlichen Psyche sein sollen. Anthropomorphismus hält nun zwar Hartmann für gerechtfertigt; aber zugestanden, dass wir aus der menschlichen Analogie bei der Gottbildung nicht herauskommen, ist es doch ein grosser Unterschied, wieviel und was ich dem Absoluten vindicire. Spinoza hielt sich an die Erfahrung, indem er seiner Substanz die *beiden* Attribute: Denken und Ausdehnung gab, aber zugleich bemerkte, dass diese beiden *neben unendlich vielen andern* nur die dem Menschen zugänglichen seien, worunter er das Absolute anschaute und begriffe. In der That ist der Vernunft das ἓν καὶ πᾶν am unmittelbarsten einleuchtend; ich denke mir Gott als den einen, unendlich mannigfaltig wirkenden, oder ich denke mir gar keinen Gott, sondern unendlich viele wirkende Einzelwesen. Aber dem Absoluten zwei und gerade zwei Thätigkeitsweisen zu geben, ist so willkürlich, als wenn ein anderer Philosoph behauptet, es gebe 10 Kategorien u. dgl. m. Wie jedoch von selbst das eine Attribut wegfällt oder vielmehr in dem anderen, in der Vorstellung (als Thätigkeit des Absoluten) aufgeht und das Absolute in der That als ein einheitlich unendlich mannigfach funktionirendes gedacht werden muss, werden wir weiter unten sehen [1]).

Vorerst wollen wir noch bei der Dreieinigkeit stehen bleiben. Wie soll ich mir diese Verbundenheit von Wille und Vorstellung im absoluten Subjekt denken? [2]) Zwei so heterogene Elemente sollen im Wesen des hinter ihnen stehenden Absoluten zusammenfliessen? Was ist denn dieses Absolute, abgesehen von seinen Attributen? Nichts, es existirt nur in seinen Attributen. Dann ist es auch überhaupt gar nichts, sondern nur ein zusammenfassender *Name* für beide. Wir haben eigentlich drei Unbewusste: der Wille ist seiner Natur nach unbewusst, die Idee ist unbewusst (nur intuitiv bewusst), und hinter diesen unbewussten Attributen steht das unbewusste Absolute, das Unbewusste par excellence.

Das unbewusste Subjekt soll der Träger von Wille und Vorstellung sein; aber der Wille trägt ja schon die Idee, da er nur, wie wir schon oben sahen, als fortwährend die Welt realisirend angenommen werden darf. Die Idee hinge somit durch den Willen am Absoluten fest. Aber was thut dies Absolute hinter dem Willen? Es trägt den Willen. Da der Wille als wollend sich in der Zeit bewegt und das Absolute der Träger des Willens, so steht auch das Tragen des Absoluten in der Zeit. Was ist das aber denn anders

---

1) S. 55, 56.
2) No. 4 des Abschnittes V. in den „Erläuterungen" erläntert sehr wenig die schön gesagte Ueberschrift: Substanzielle Identität und attributive Gegensätzlichkeit beider Prinzipien.

als wie der Wille. Wir haben somit zwei Willen, den Willen selbst, das Attribut, und den Träger dieses Willens, das Absolute, das aber selbst eben auch, weil in der Zeit den Willen habend, den Willen wollend, *Wille* ist. Ebenso aber auch wie das Absolute, das unbewusste Subjekt, das Attribut „*Wille*" an sich hat, ebenso auch das Attribut *Idee*, und zwar diese Idee in ihrer unendlichen internen Gliederung und Mannigfaltigkeit. Jede Idee wird durch das Absolute getragen und zwar im Weltprozess in der Zeit getragen; was heisst dies aber anders als die Idee wird in der Zeit vom Absoluten gewollt?[1]) Das unbewusste Subjekt als Träger der Idee verwandelt sich also hier wiederum in einen Willen, neben jenem andern *benamsten* Willen. Hartmann bemerkt, der Wille (als Attribut) ist das unsagbare Etwas, das der Idee erst den Stempel der Realität aufdrückt. Er ist aber nicht allein das unsagbare, sondern auch das unverständliche Etwas; denn es ist absolut nicht einzusehen, was jene Qualität von Wille, d. h. der Hartmann'sche Wille als Attribut, neben dem Vorstellen der Vorstellung (Idee), neben diesem absoluten Willen, dem zeitlichen Träger der Idee nach soll, oder umgekehrt; mit anderen Worten: was für ein Unterschied in der Funktion des absoluten Subjekts in Bezug auf die ihr untergeordnete und in der Funktion des Willens in Bezug auf die ihr beigeordnete Idee[2]) besteht. Funktion ist Thätigkeit und Thätigkeit ist Wille; anders ist's nicht zu verstehen. Am besten thut man also, man

---

1) Wenn Gott etwas an sich hat, etwas aus sich heraussetzt, so darf man mit Recht sagen, es seien Gottes Wollungen (bewusste oder unbewusste).

2) Auch von der Idee wird in der Form der *Thätigkeit* gesprochen; sie *bietet sich* dem Willen *dar* und zwar in bestimmten durch den zeitlichen Weltprozess bedingten Verhältnissen; sie *ringt sich* endlich zur Herrscherin über den Willen *auf*: da haben wir also wieder einen neuen Willen, den logischen Idee-Willen.

verschmilzt alle diese Willen in den, der nun einmal den Namen hat, also in das Hartmann'sche Attribut Wille. So erweist sich aber das absolute Subjekt, an dem Wille und Vorstellung haften sollen [1]), als ein Phantom, ein leeres Nichts, das, wenn es Anspruch auf Realität macht, vollständig in dem einen Attribute (dem Willen) aufgeht. Wir haben es demnach mit den beiden metaphysischen Prinzipien Wille und Vorstellung noch ferner zu thun.

Zunächst beschäftigt uns der Wille. Hier wird von Hartmann der Unterschied gemacht zwischen Wille *in potentia* und Wille *in actu*, zwischen Wollen-können und Wirklich-wollen. Abgesehen davon, dass gemäss der Consequenzen aus der praktischen Philosophie dieser Zustand des Wollenkönnens niemals für das Absolute dagewesen ist und dagewesen sein kann, ist auch ein solcher Zustand des Wollenkönnens undenkbar. Wenn der Wille eben *Wille* ist, d. h. sein ganzes Sein und Wesen im *Wollen* besteht, so kann er auch nicht anders als in diesem seinen Selbst gedacht werden d. i. *in actu*. Wille *in potentia* ist ein blosses Wort, bei dem niemand sich etwas vorzustellen vermag, trotz Abmarterung des armen Gehirns. Wie ich mir kein absolutes Nichts in Gedanken vorführen kann, sondern nur ein dunkler Schatten an mir vorüberweht, so vermag auch jedenfalls der Gläubige von Wille und Vorstellung sich nur in besonderen mystischen Stunden den Willen in der Potenz, im Wollenkönnen vorzustellen. — Der Wille hat hiernach ein doppeltes Wesen; einmal tritt er in Fleisch und Blut auf, er lebt und webt in der Welt „glühend heisses Leben", dann aber wohnt er „im wesenlosen Scheine" im Reiche der Schatten und

---

1) Da das Absolute mit seinen Attributen nicht mechanisch, sondern im höchsten Sinne organisch verbunden, so kann es nicht (etwa wie die Stange einer Wetterfahne, die allerdings ruht, während die Fahne funktionirt, d. h. sich bewegt) als ruhend abgetrennt werden, sondern lebt und athmet in seinen Attributen.

schreckt als Phantom durch den drohenden Blick, auf die Idee gerichtet.

Dies Gespenst können wir getrost verabschieden; denn wenn wir es überhaupt mit einem Willen zu thun haben, so haben wir es mit dem *Weltwillen* zu thun, d. h. mit dem Willen, der die Idee umschlungen hält. Uebrigens kommt bei der obigen Anschauung wieder das tragi-komische Verhältniss für das Absolute heraus. Gott ist ein Gott gleichsam mit zwei Augen, der dem einen beständig die Faust aufdrückt, weil er sonst unendlichen Jammer sehen müsste, aber doch ein Gott, der sich schliesslich nicht zu helfen weiss, denn der Wille thut ja doch was er will. — Einen menschlichen Willen kann ich freilich wohl in die Potenz, in das Wollenkönnen für einen bestimmten Gegenstand verschieben, als Partialwillen; der Allwille kann aber nicht zu dieser Potenz zurückgedrängt werden (und umgekehrt nicht aus ihr hervorgehen); denn wenn der Allwille nicht will, so verneint er sein eigenes untheilbares Wesen, hebt sich selbst auf, *schlägt sich todt.*

Können wir demgemäss nur von einem Willen im Wollen reden, d. h. von einem Willen, der sein selbst ist, so hat es die fernere kritische Untersuchung auch nur mit dem im Weltprozesse thätigen Willen, der die vieleine Idee realisirt, zu thun.

Wir müssen hier noch einmal daran erinnern, dass auch abgesehen von der Unzulänglichkeit eines Willens *in potentia* vor der Vernunft, der Wille *in actu* gar keinen Raum für seinen Vorgänger übrig lässt; denn aus der kritischen Betrachtung der Endresultate der praktischen Philosophie ergab sich die Ewigkeit des wollenden Willens nach rück- und vorwärts.

Diese Ewigkeit des wollenden Willens lässt sich auch noch auf folgende Weise einsehen. Der im Weltprozess thätige Hartmann'sche Wille bedarf nothwendig der Zeit, d. h. er kann nicht anders von uns als in der Zeit wollend und wirkend gedacht werden. Hartmann erkennt Raum und Zeit Realität zu, eine von allem Denken (Vorstellen) unabhängige Existenz. Was zunächst den Raum anbetrifft, so ist es vollständig unerfindlich, wie ein durchaus geistiges Absolute, was denn doch das Unbewusste mit seinen Attributen Wille und Vorstellung ist, des Raumes, wohlgemerkt: des Raumes realiter, zu seinem Dasein bedarf. Das Gleichniss, was Hartmann auf S. 338 d. Erl. anführt, von der sich selbst begrenzenden Zeit, und das er, wenn auch — man merkt es — etwas zaghaft, auf den Raum anwenden will, ist an und für sich recht schön gesagt. Doch wenn überhaupt die Vergleiche hinken, so dieser vor allen. Vor der Zeit soll reine Ewigkeit gewesen sein; als ob Ewigkeit etwas anderes wäre als unendliche Zeit. Nein, die Zeit kommt nicht erst mit dem Willen in die Welt hinein, sondern der Wille findet sie bei Antritt seiner Wirksamkeit schon vor. Die Idee kann die reale Zeit nicht gebären, da alles, was aus der Idee kommt, eben ideal ist, der Wille kann sie aber auch nicht bringen; denn wie kommt dieser Wille, der im Schoosse seiner Potenz schlummert, der seinem Wesen nach *Ruhepunkt* sein soll, der noch nicht in die Kette der Wollungen auseinander gegangen, zu der Zeit. Durch seine Hochzeit mit der Idee wird auf einmal die reale Tochter erzeugt; aber ihre Legitimität ist schwer anzuerkennen: Es gäbe dann (gleichsam wie beim Willen) eine Zeit *in potentia* und eine Zeit *in actu*. Aber gesetzt auch, es verhielte sich so und die Möglichkeit der Zeit würde durch den Willen zur Wirklichkeit, die Idee der Zeit würde realisirt, dann würde der Idee dieser Zeit durch den Willen ebenso jenes unsagbare Etwas aufgeklebt, wie allen andern vom Willen erfassten Ideen, der Wille hätte sich realisirt in der vielenen Idee und als *prima conditio sine qua non* dieser Realisation ist die Zeit geschaffen worden. Da nun aber der Wille aus praktischen Gründen, weil er das transcendente Leid durch das immanente paralysiren will, und aus theoretischen Gründen, weil der Wille als ein blinder, dummer Wille niemals zur Einsicht seiner selbst gelangen und auf das blinde, unvernünftige Wollen Verzicht leisten kann, stets auf's Neue den Weltprozess inscenirt, da also der Wille niemals aus der Aktualität herauskommt, so dehnt sich die Zeit, die durch gesetzten Anfang und Ende des Wollens als *endlich* gesetzt war, nach vor und rückwärts zur Unendlichkeit aus, d. h. erweitert sich und geht über in die Ewigkeit.

Nachdem wir diese Einsicht uns gewonnen, können wir die wichtigsten Schlüsse ziehen. Ist der Wille immer und stetig wollend, so fällt die Ewigkeit seines zeitlichen Verlaufs mit der Einszeitigkeit zusammen. In der Welt ist alles von Ewigkeit her gewollt, heisst, in der Welt ist alles einszeitig gewollt; in der Welt ist alles ewig realisirt, heisst, in der Welt ist alles gleichzeitig realisirt; in der Welt ist alles ideal Mögliche ewig wirklich, in der Welt ist das Vernünftige stets da und wirklich[1]). Der Wille hat sich so selbst aufgehoben, wie es scheint, und das Weltsein seinem Partner am Absoluten, dem anderen Attribut, der vieleinen Idee überlassen. Aber er hat sich nur als „Wille" aufgehoben, d. h. als in der Zeit, im Nacheinander, als durch Anfang und Ende begrenztes Wollen oder Thätigsein. Sein innerster Kern ist geblieben; er besitzt nach wie vor *in seinem Schoosse die Ideenwelt*, aber er besitzt sie *von Ewigkeit* und kann nicht von ihr lassen und auch nie von ihr getrennt werden: er ist der ewige (einszeitige) *Träger* der Ideenwelt.

---

1) *Giebt man die Ewigkeit des Seienden* (real oder ideal genommen) *zu, so gesteht man damit zugleich die Vernünftigkeit zu. Denn nur das Unvernünftige ist geworden und muss sich auch wieder kraft seiner inneren Seinsunwürdigkeit und Ungerechtigkeit verzehren:* „Denn alles, was entsteht, ist werth, dass es zu Grunde geht."

Das ist der richtige Name für das unsagbare Etwas, was zu der Idee hinzukommen muss, das fehlte bei Hegel.

Wir erkennen also den Willen an als den *Urgrund*, in dem die vieleine Idee wurzelt, als den Setzer der Idee, dem aber selbst keine gegensätzliche Stellung zu der Idee als Attribut mit dieser an einem Dritten zukommt, sondern der nur als Brennpunkt die Radien der in sich unendlichen Idee vereinigt, der den *gebärenden Mittelpunkt* für alle Seinsvorstellungen bildet. Dem Hegel'schen Standpunkt nähert sich diese Anschauung sehr; in dem Späteren soll aber gezeigt werden, wie dennoch dieser Standpunkt von dem Hegel's insoweit verschieden, als wir die Errungenschaften der pessimistischen Philosophie, die sich von Anfang an der Dialektik Hegel's und seinem schematischen Speculiren feindlich erwies, *kritisch* anerkennen und zeigen, was auf sie gestützt aus der Hegel'schen Philosophie wird und überhaupt nothwendig werden muss.

Vorerst hat die Idee einen substanziellen Träger, an dem sie, um es recht sinnlich auszudrücken, gleichsam festruht, während bei Hegel die Idee in der Luft ungreifbar herumflatterte. Wir sind oben zu diesem Angelpunkte gelangt, indem wir durch nähere Betrachtung der Hartmann'schen Prinzipien ersahen, dass diese zusammenfielen und einschrumpften bis auf unser eines, den Logos, worunter wir den ewigen Willen verstehen. Gewannen wir so negativ durch kritische Zersetzung unsere Anschauung, so wollen wir nun einmal positiv durch theoretische Speculation an der Hand der geschichtlichen Entwicklung dazu zu gelangen suchen.

Wir knüpfen an *Kant* an. Seit jenem Philosophen wird es für immer eine unumstössliche Thatsache bleiben, dass die Welt unsere Vorstellung, dass die ganze Welt, mit der wir uns beschäftigen, und von der wir wissen, *in uns* ist. Von einer andern Welt wissen wir nichts und können wir unmöglich etwas wissen. Es war daher eine Inconsequenz von Kant, die auch schon sein Nachfolger *Fichte* beseitigte, noch von einem reinen Draussen, von einem Dinge an sich ausserhalb unseres Denkens zu sprechen, als ob dies Ding an sich nicht auch schon von uns gedacht würde, indem wir ihm das Ansichsein, d. h. ein Jenseits der Grenze des Gedacht- und Vorgestelltwerdens zuschrieben. Wir sind für alle Zeiten auf unser Ich mit seinen Setzungen beschränkt, darüber kommen wir nun und nimmer hinaus, das ist sicher.

Im *Neukantianismus* unserer Tage wird diese Wahrheit mit Recht nachdrücklich betont, aber auch zu falschen Consequenzen verwandt. Aus ihr gebiert sich nur zu leicht der absurdeste Scepticismus[1]). Bin ich allein da mit meiner innern Welt, nun, so bin *ich* eben die Welt, und eine andere giebt es für mich nicht. Das Ding an sich, der letzte Halt der allgemeinen Realität, ist hinweg kritisirt; also giebt es kein Ding an sich, sondern mein armseliges *Ich und seine Einbildungen*. — Das Ding an sich muss wieder eingesetzt werden. Ohne diesen objektiven realen Grund, den Träger aller Erscheinungen, ist keine wirkliche Welt möglich und kann also auch von einer einheitlichen wirklichen Welterkenntniss nicht die Rede sein. Wie sollen wir aber über das der Welt zu Grunde liegende Wesen etwas erfahren, da wir nicht aus uns herauskönnen? Nun, da sonst auf keine Weise zu ihm zu gelangen ist, müssen wir eben in uns selbst darnach suchen. Mit der Aussenwelt muss vollständig gebrochen und die ganze uns erscheinende Welt in unser Inneres genommen werden, wo sie ja auch in der That nur existirt. Um aber nun dem Scepticismus auszuweichen, der uns hier lächelnd ihm entgegen kommen sieht, müssen wir hinter dieser Erscheinungs- und Gedankenwelt

---

1) Vgl. Erläuterungen z. M. d U. Abschnitt A. II. besonders No. 19.

nicht unser persönliches Ich suchen, sondern ein allgemeines objektives Etwas, das nicht mehr in unser Individuum hineinfällt, sondern hinter demselben steht wie es zugleich hinter jedem andern Weltphänomen steht, eben *das Ding an sich*. So nur ist Philosophie möglich, d. h. hier: Theilhaben an dem Vorstellen der allgemeinen Wahrheit.

Es ist wirklich zu verwundern, wie erst die philosophische Speculation so spät darauf kam, die Möglichkeit metaphysischer Erkenntniss zur prima philosophia zu machen; noch mehr aber ist zu verwundern, dass, nachdem dies einmal geschehen und die Frage: „Wie und wie weit ist der menschlichen Vernunft metaphysische Erkenntniss möglich?" durch Kant und seine Jünger in so glänzender Weise gelöst, noch immer wieder hier und dort versucht wird, aus der Haut zu fahren, d. h. aus dem Kreise, in den nun einmal das Ich gebannt ist, herauszukommen und *jenseits* der Peripherie Stellung zu nehmen und von da aus sich die Welt zu besehen.

Fichte verfolgte den richtigen Weg, indem er, wie schon bemerkt, die übrig gebliebene Inconsequenz Kant's des draussen seienden Dings an sich beseitigte; aber ihm war dies Ich, das die Welt aus sich heraussetzt, immer noch das subjektive einzelne Ich. Anfangs in den Fusstapfen seines Meisters wandelnd, kam *Schelling* früh davon ab, dies Ich für das subjektive zu halten, sondern er stellte es mit Fug und Recht als das absolute hin, als das Weltich, das in jedem Individuum den Kern des Wesens ausmacht und die ganze Welt, die physische und psychische in sich hat und vorstellt. Später aber von der Speculation seiner Jugend sich abwendend — wie denn überhaupt ein Schwanken und Umhertasten und immer wieder Vonvornanfangen der Fehler Schellings war — verblasste für ihn diese philosophische Ueberzeugung, indem er glaubte, es liesse sich aus dem Weltich als dem Möglichkeitsgrunde für alles Seiende wohl

ein Schema ableiten, aber man könne von hier nimmer zur
Realität gelangen. *Hegel*, der sonst so grosse Philosoph,
zerbrach sich auch an der Realität als dem Andersgewordensein der Idee den Kopf und stiess sein ganzes sonst in sich
so folgerichtiges System damit um. Der Einzige, der die
letzte und wahrste Consequenz aus der philosophischen Bewegung seit Kant[1] zog, war *Chr. Fr. Krause*, der aber
leider, wie schon einmal früher bemerkt, sich die Früchte
seiner Denkarbeit dadurch verdarb, dass er jenes sonderbare
Deutsch in seinen späteren philosophischen Darstellungen
aufbrachte. Man muss Krause zugestehen, dass er in der
Entwicklung des nachkantischen Idealismus insofern noch
über Hegel steht, als er die Klippe vermied, an der auch
dessen Philosophie scheiterte. Der Abfall der Idee bei
Hegel, ihre Entäusserung zur Realität, war zugleich der Abfall von ihm selber, von seinem eigenen System. Krause
behauptete eine *Identität von Wirklichkeit und Möglichkeit*,
d. h. im Hegel'schen Sinne eine Unterschiedslosigkeit dem

---

[1] Es ist eine ganz verkehrte Meinung, die man wohl in unserer
Zeit vorbringen hört, dass nämlich die Nachkantische Philosophie eine
Verirrung, die immer rapidere Fortschritte genommen und sich schliesslich in Hegel in's Absurde überstürzt hätte; man müsse auf Kant zurückgehen und eine neue Philosophie aus ihm anheben und entwickeln.
Die Philosophie, die sich aus Kant entwickeln konnte, ist in der That
entwickelt worden im Strome jenes Idealismus, der zu seinen Hauptführern und Vertretern die drei grossen Philosophen Fichte, Schelling,
Hegel hat. Eine vereinzelte Abzweigung aus Kant war das System
Herbarts, der den Pluralismus Leibnitzens erneuernd wohl scharfes mathematisches Denken bewies, aber zugleich ein System lieferte, das in
sich starr und trocken keine Lebensfähigkeit und Möglichkeit zur Weiterbildung hat. Auch Schopenhauer, der erste Vertreter des modernen
Pessimismus, schloss sich an Kant an, stellte sich aber den Lohnprofessoren, wie er schimpfend die Vertreter der idealen Richtung nannte,
gegenüber, vergessend, wie viel er selbst bei ihnen gelernt und —
namentlich von Schelling — geborgt hatte.

Wesen nach zwischen der reinen Idee und der zur Realität entäusserten. Wenn auch Krause diesen Fundamentalgedanken seiner Philosophie nicht immer deutlich genug ausgesponnen hat, so war er es doch, der ihm bei seinem ganzen Speculiren vorschwebte. Und die Unbekanntschaft mit Krause'scher Philosophie wird auch wohl der Grund gewesen sein, warum diesem Denker nicht der ihm gebührende Platz in der idealistischen Entwicklungsreihe zuerkannt worden.

Hat nun Krause Recht?

Schopenhauer bemerkt [1]) einmal richtig, die Handhabung des Causalsatzes sei dem Denken so natürlich nothwendig wie dem Magen das Verdauen der Speise. Die Frage Woher ist das Lebenselement unseres Verstandes, in der er webt und sich fortfristet. An der Hand des Causalsatzes aufsteigend, sehen wir als Ursache der Welt zunächst ein letztes Etwas, das erhaben über die Einzelheiten der Sinnendinge diese unter sich befasst, diese aus sich herausgeschaffen haben muss. Diese letzte reale Ursache der Welt unterliegt aber selbst wieder eben wegen ihrer Realität nothwendig der Frage des Woher, und es heisst in der That „den Causalsatz als Fiaker gebrauchen und ihn wieder umschicken", wenn man bei dem realen Weltschöpfer Gott angelangt, die Frage Woher fahren lässt. Gerade jetzt will der Causalsatz erst recht angewandt werden und fragt nach dem Woher dieses Gottes. Gesetzt es gelänge der Naturwissenschaft, alle Dinge der Welt auf ein einheitliches reales Etwas zurückzuführen, dann würde doch mit Heftigkeit die Frage sich aufwerfen: Woher denn dieses Etwas? — Ueber die Realität muss zur Potenzialität, über die Wirklichkeit zur Möglichkeit hinaus-

---

1) Vgl. zu dem Folgenden Schopenhauer's Schrift: Ueber die vierfache Wurzel des Satzes vom zureichenden Grunde. 2. Aufl. 1847.

geschritten werden: gerade das, wonach der Causalsatz fragt, nach der *Möglichkeit* dieses einen aus der Vielheit der concreten Dinge gewonnenen Letzten, muss zu seiner (des Causalsatzes) Genugthuung als Prinzip des Seins aufgestellt werden. Dieses Möglichkeitsprinzip ist das allem *Denken als Urtheilen über Möglichkeit und Unmöglichkeit* zu Grunde liegende Prinzip und der Causalsatz nur ein Ausfluss *aus ihm selber*. Wenn ich also denke, ist das Absolute, das *Prinzip reiner Möglichkeit*[1]) in mir wirksam. Aber dies Absolute ist eben absolut: nicht mein specielles Ich denkt in meinem Denken, sondern *das absolute Ich* bethätigt sich darin. Nun haben wir auch das Ding an sich: dies Absolute ist *das wahre Ding an sich*, denn ich kann es nie unter dem Denken befassen, da es ja das *Denkende* in allem Denken, das Subjekt in jedem Denkakte ist, das, so oft ich es als Objekt erfassen will, als Subjekt, d. h. als *Träger dieses Denkversuchs* zurückweicht. — Die sogenannte Realität aber, d. h. die mir vorhin erschienene Ausserweltlichkeit erkenne ich jetzt als *Möglichkeitsweisen* aus diesem einen Prinzipe der Urmöglichkeit an. Mein eigenes Ich ist neben anderen Ichen eine aus dem einheitlichen und höchsten Prinzipe der Urmöglichkeit gesetzte Einzelmöglichkeit.

Wie, nach welchem absoluten Gesetze aus diesem Urgrunde der Möglichkeit sich die Einzelmöglichkeiten ergeben, wie die Urpotenz die Einzelpotenzen gebiert, wie das absolute Können das Einzelgekonnte unter sich befasst, wie der Logos[2]) seine Radien aussendet — wie, nach welchem durchgängigen

---

1) Es sagt, was überhaupt *sein kann*. Es ist das *Können schlechthin*, der Urgrund, aus dem sich das Gekonnte d. i. Seinsmögliche heraussetzt: griechisch δύναμις, lateinisch *potentia*.

2) Dies auch nur ein Name für das „unsagbare Etwas, was zu der blossen Idee hinzukommen muss". Vgl. Erläuterung z. M. d. U. S. 269 oben.

Prinzip die unendliche Ideenwelt sich aus ihrem Springpunkte entfaltet: das zu sagen liegt nicht in der Macht irgend eines philosophischen Kopfes. Hegel versuchte es dennoch; er half sich bei seinem Verfahren mit einem paradoxen Gewaltstreich. Mit einem Salto mortale glaubte er die gewaltige Kluft zu überspringen, die sein menschliches *individuelles* Denken von dem *absoluten* Denken trennte. Einsehend, dass der menschliche Verstand nicht ausreiche, die Idee in ihrer Selbstgeburt zu überschauen, dass der Verstand nicht die Fähigkeit besitze, aus dem absoluten Möglichkeitsprinzip, der Idee schlechterdings, die einzelnen Möglichkeiten, die Einzelideen logisch herauszusetzen, vermächtigte er diesen mangelhaften Verstand zu seiner eigenthümlichen, vor der Verstandeskritik geschützten Vernunft,[1] die für sich gerade das als positives Prinzip beanspruchte, was der Verstand als unverträglich mit ihm selber zurückgewiesen hatte: den logischen Widerspruch. So ward die Hegel'sche Dialektik erfunden, die das ungeheuerliche Verlangen an den Menschen stellte, *das sich Widersprechende gleichzeitig zu denken*, um auf diese Weise zu einem Dritten, der Synthese der beiden Widersprüche zu gelangen, welches Dritte selbst wieder ein in sich Widerspruchsvolles war und also die nämliche Operation wie vorher erforderte, und so vom einfachsten Begriffe, dem reinen Sein anfangend immer weiter fort bis zum höchsten abschliessenden Punkte aufzusteigen, der die ganze Verzweigung unter sich befassen sollte.

Trotz der ungehemmten Flüssigkeit des sich selbst bewegenden Begriffs und der „Unendlichkeit des Denkens" die auf diese Weise zu Stande kam, war es doch auch

---

[1] Vgl. „Ueber die dialektische Methode." Historisch kritische Untersuchungen von E. v. Hartmann, Berlin, Carl Dunker's Verlag (C. Heymons) 1868. Abschn. B. II. 1. u. 3. — Erl. z. M. d. U. Seite 261 f.

Hegel nicht möglich, die Welt in ihrer unendlichen sinnlichen Concretion und psychischen Mannigfaltigkeit aus der reinen Idee darzuthun. In Folge seines Deducirens erhielt Hegel nur ein, *sein* Weltschema, in das er häufig genug mit Mühe und Noth die einzelnen Glieder hineinpresste [1]). Dem Individuellen und Besonderen ging er scheu aus dem Wege, weil ihn hier die Deduktion im Stiche liess. Das sinnliche *Dieses* war ihm das Unsympathische, Fremde, der schlechte Rest, der sich leider bei der reinlichen Rechnung herausstellte. Trotz dieses verfehlten Verfahrens ist Hegel doch der grösste Philosoph, der „Weltphilosoph". Abgesehen davon, dass es ein immerhin bewundernswerther gewaltiger Versuch bleibt, die gesammte Welt aus reiner Vernunft zu *deduciren*, hat Hegel zum erstenmal das ideale Ziel der Philosophie, die All-Wissenheit deutlich geschaut, wenn er auch das unerreichbare göttliche Kleinod gleich mit gewaltsamen Händen an sich reissen wollte. Er hat durch seine Speculation die Bahn bezeichnet, in welche alle menschliche Philosophie schliesslich hineinmünden muss, *in das Anschauen der Welt als eines unendlichen idealen Seins, als des Gedankenwerkes des Absoluten, Gottes.* — Der Idealismus des 19. Jahrhunderts fand in Kant den grossen Vorbaumeister, der die bisher errichteten und zum Theil wieder verschütteten Bauwerke, die durch die kritische Geistesentwicklung zersetzten philosophischen Gedankensysteme, forträumte, reinen Boden machte und hierauf das feste und unerschütterliche Fundament aller künftigen Philosophie gründete. Seine Nachfolger machten sich an das eigentliche Gebäude und bauten systematisch wie nach einem vorgeschriebenen Plane. Hegel, der kühnste unter ihnen, wollte dem Angefangenen die Krone aufsetzen und das Ge-

---

[1]) Die Hegel'sche Begriffsdialektik ist fein ironisirt in Heinrich Hoffmann's „Mondzügler". Dritter Auftritt (Marktplatz in Traumstadt).

bäude in einem gewaltigen Ansturm zu Ende führen. Er
vergass, dass die Philosophie nicht ihr absolutes Ende erreichen kann, dass an diesem Dome des Wissens ewig gebaut
werden wird und dass nie jemand kommt, der all die einzelnen Gliederungen bis in's Kleinste ausmeisselte und die
letzte Kuppel dem Ganzen aufsetzt.

Was ist nun an dem Hegel'schen Gedanken, an der
Hegel'schen Philosophie zu ändern, in wiefern muss sie eine
Berichtigung erfahren, wenn sie ihre Stellung als Weltphilo-
sophie behaupten will?

Der Pessimismus hat, wie wir schon früher bemerkten,
besonders durch seine praktische Philosophie, durch gründ-
liche Inangriffnahme und Behandlung der axiologischen Frage
ein sehr hervorragendes Verdienst um die Anbahnung einer
Universalphilosophie im Hegel'schen Sinne. Wie diese praktische Philosophie des Pessimismus, *kritisch berichtigt*, in
die Hegel'sche panlogistische Weltanschauung hineingearbeitet
werden muss, werden wir weiter unten zeigen. In theoretischer Hinsicht lieferte uns der Pessimismus durch seine
metaphysische Speculation auch eine Correktur der Hegel-
schen Philosoyhie. Ueber die Hegel'sche Idee setzt der
Pessimismus anfangs in Schopenhaaer den Willen als herr-
schendes metaphysisches Prinzip, Hartmann fasste sodann
die beiden Prinzipien Wille und Vorstellung (Idee) als Attribute von einem Dritten, dem unbewussten Subjekt. Durch
die Besprechung auf S. 49 — 56 erkannten wir, dass sich
dies unbewusste Subjekt mit dem Willen identificirte, letzterer
aber gleichsam wieder rückwärts sich in das absolute Subjekt zurückzog, insofern nämlich er sich von der Zeitlichkeit
befreite und zum ewigen einszeitigen Träger der vieleinen
Idee wurde. Beide, das unbewusste Subjekt und der Wille,
hatten sich zu einem einheitlichen Prinzipe concrescirt, das
aber nicht etwa als ein zweites neben der Idee stand, sondern mit dieser unmittelbar verwachsen nur den Angelpunkt

der vieleinen Idee bildete. Wir hatten diesen Willen in uns selbst vorgefunden als das Denkende im Denken, das wahre Ding an sich, das in jedem Kreatürlichen vorhandene, dies Kreatürliche setzende Prinzip, das absolute Möglichkeitsprinzip für alle Einzelmöglichkeiten, seien diese letztere nun Gebilde der Materie, organische Geschöpfe, Pflanzen, Thiere, Menschen, Erde, Himmel, Sterne, oder Gedanken im Gehirne des Philosophen.[1]) — Dieser ewige Wille, die Wurzel des Universums (des realen und idealen Seins), muss der blossen und nackten Hegel'schen Idee zugesellt werden. Die Einzelmöglichkeiten jedoch aus dem absoluten Möglichkeitsprinzip systematisch ableiten zu wollen, ist dem menschlichen Verstande nicht zuzumuthen; die Hegel'sche Dialektik ist als ein Missgriff, als ein verfehlter ohnmächtiger Versuch anzusehen, *die menschliche Vernunft an Stelle der absoluten Vernunft zu setzen.* Für die (von Fichte her sich entwickelnde) Hegel'sche Dialektik hat wieder die *Logik* einzutreten, d. h. der Satz der Identität und des Widerspruchs ist massgebend für das Denken. Das sich Widersprechende ist als unwahr, das sich nicht Widersprechende als wahr anzunehmen. Die reductio ad absurdum ist und bleibt für uns das einzige Kriterium der Wahrheit. Wie der Pessimismus in seinem Philosophiren scharf betont hat, ist nur auf diesem Wege d. h. dem logischen Philosophiren in inductiven Bahnen ein Fortschritt möglich. Nicht dürfen wir uns also mit einem gewaltigen Ruck *an's Ende* der Entwicklung setzen wollen, indem wir eine solche Operation wie die Dialektik benutzen, um die Welt auf einmal ganz und gar von oben herab zu erklären, sondern auf dem Boden der Erfahrung uns bewegend, müssen wir unser höchstes Wissen d. i. die Philosophie immer *weiter ausbauen.*

---

1) Vgl. Erläuterungen z. M. d. U S. 356 Z. 13.

In seinem Buche: „Ueber die dialektische Methode", dessen Erörterungen (in der That[1]) bis jetzt noch von niemanden widerlegt worden sind, unterwirft Hartmann die dialektische Methode einer eingehenden Kritik und kommt zu dem Resultate, dass das induktive Verfahren in der Philosophie das richtige und wahre sei, die Dialektik nur Spiegelfechterei, die jeden Augenblick ihren Stoff aus der Erfahrung aufnimmt und nachher behauptet, sie habe ihn selber erzeugt. Wie stellt sich aber nun *Hartmann* zu der Frage: Nach welchem Gesetze entwickelt und verzweigt sich die Idee? Hat er etwa an Stelle der dialektischen Methode einen andern Griff erfunden, mittelst dessen wir die vielcine Idee anatomisch untersuchen? Hartmann behauptet wiederholt von der Idee einfach ihre interne unendliche Mannigfaltigkeit, ihre innere logische Gesetzmässigkeit. Er kann auch als Empiriker nichts näheres über die ideale innere Bestimmtheit sagen, kann kein Prinzip angeben, wonach die logische Entfaltung innerhalb der Idee von Ewigkeit her besteht.[2]) Er weiss nur, dass die Idee in einer logischen Reihenfolge ihren Inhalt dem Willen darbietet; *diese logische Reihenfolge ist die Geschichte des Daseins.* Also er weiss nur von der logischen Idee insofern und insoweit, als sie für seinen durch Zeitanfang und Zeitende begrenzten Weltwillen prädestinirt.[3]) Wenn dieser Wille sich über die Idee macht, wird sie ihren Inhalt dem Willen in dieser, gerade in dieser logischen Verkettung hingeben, wie wir sie aus der Erfahrung, aus der Geschichte des Daseins wissen.

---

1) Vgl. Erläutg. z. M. d. Unb. S. 264 Z. 9.

2) Vgl. Phil. d. Unb. 8. Aufl. II 439—51, Erläuterungen zur M. d. Unb. S. 145 f. 281; besonders 316 Z. 1—8.

3) Man halte nebeneinander: Erläuterungen zur Metaph. d. U. S. 281 No. 6. Zeile 19 f; und S. 280, Zeile 10 von unten.

Von einer andern Welt als der *Erfahrungswelt können wir auch in der That nichts wissen*. Hegel's demonstrirte Welt war auch nur eine Erfahrungswelt, *unsere* Welt, da er den Stoff stets aus der Erfahrung borgte. Die deduktive Weltphilosophie ist insofern sehr im Argen gegenüber der induktiven, als sie ein einfürallemal abgeschlossenes Ganze liefern will. Das sich wissende Absolute spukt nach Hegel'scher Anschauung im Kopfe des Philosophen, und wirklich hat Hegel die Meinung gehabt, die Philosophie sei mit ihm vollendet und das Absolute als sich selbst wissend zu ihm zurückgekehrt. Dass ihm „bei dieser Gottähnlichkeit nicht bange wurde"! —

Die induktive Weltphilosophie hingegen beschäftigt sich ausgesprochenermassen nur mit dieser Welt und sie macht gar nicht den Anspruch auf eine abgerundete, volle Erklärung derselben, sondern schiebt im Gegentheil dies Ziel in die Ferne und lässt sich selber ein dankbares weites Feld offen, auf dem sie noch schaffen und arbeiten kann. Wie Hartmann die dialektische Methode als Schlich nachgewiesen, unter der Maske der absoluten Deduktion das Erfahrungswissen zu Markt zu tragen, so würde man auch wohl jedes andere Experiment, *der absoluten Idee beizukommen* und das Wirklich-Vernünftige aus ihr zu entfalten, bald in seiner Nichtigkeit durchschauen. Das ist wiederum ein Verdienst des Pessimismus, das er sich dem Hegelianismus gegenüber erworben, scharf zu betonen, dass wir nur durch *Erfahrung* wissen und durch Erfahrung weiter vorwärts kommen. Eine Universalphilosophie kann nur auf erfahrungsgemässem Boden stehend Anspruch auf ihre höchste Würde machen[1]).

---

1) Sie bekennt dann ehrlich und wahr: Die Welt wissen, heisst die Welt erfahren. Vgl. übrigens gleich S. 70.

Aber wir, in den Grenzen unseres so sehr beschränkten Erfahrungswissens, dürfen wir da von einem universellen Philosophiren reden?

Gewiss; wenn wir auch noch nicht am Ende der Entwicklung stehen, dürfen wir doch sagen, wir befinden uns auf dem Wege zu demselben, auf dem richtigen Wege. Hegel ersah, wie die letzte Philosophie beschaffen wäre: eine *Weltlogik;* aber er verkannte den Weg, der zu diesem idealen letzten Philosophem führte; er wollte sich selbst gleich zum Priester der Allvernünftigkeit machen. Hartmann giebt die richtige *Methode* an, wie wir uns vorwärts bewegen müssen, um — und das ist unsere eigene Meinung — zu jener Universalphilosophie zu gelangen.

Im Nachstehenden scizziren wir unsere Stellungnahme zur Erkenntnisstheorie und dem hiermit eng zusammenhängenden Verhältnisse von Idealismus und Realismus, aus welchen Erörterungen klar werden wird, wie wir uns zu der Hegel'schen und Hartmann'schen Idee stellen, namentlich zu der Genesisfrage (Differenzirung der absoluten Idee in ihre Einzelideen), und was wir uns des Genaueren unter Universalphilosophie vorstellen.

Hartmann gesteht zu, dass diese unsere Welt ein *Logikon,* eine durchaus vernünftige Welt *in Bezug auf ihr Was* ist [1]). Neben dieser durch den Willen aus der Idee realisirten Welt giebt es noch unzählige andere in der Idee schlummernde Welten [2]): d. h. neben dieser *Weltwirklichkeit* giebt es noch unendlich viele *Weltmöglichkeiten.* Durch Be-

---

1) Vgl. Ph. d. U, II. 273 f. Phänom. d. s. B. S. 482 unten.
2) Vgl. Ph. d. U. II. 273 f. Erl. z. M. d. U. S. 343 Z. 11. Vgl. ferner E. v. Hartmann's „Gesammelte Studien und Aufsätze", Berlin, Carl Dunker's Verlag (C. Heymons), S. 609. Hierzu im Widerspruch: Phänom. d. s. B. S. 861 Anmerk., wo Hartmann auffälligerweise unsere eigene gleich noch des Näheren zu erörternde Anschauung ausspricht.

wusstwerden der Geschichte des Daseins erlangen wir einen
Einblick in das Reich der Idee, schauen aber von ihrem
logischen Reichthum nur das, was unser Verstand im Laufe
der Bewusstseinsentwicklung herausarbeitet. Neben diesen
vom Willen erfassten Ideen sind noch unendlich viele andere sogenannte intuitive Ideen im Schoosse der absoluten
Idee vorhanden, die uns nicht zugänglich. Wir kommen
auf dem Wege zum Denken des Universums, zur Universalphilosophie, zum Innewerden der unendlichen Ideen (Seinsmöglichkeiten) nur immer bis zu einer bestimmten Station.
Wenn nämlich der Wille seinen bestimmten Part aus dem
unversieglichen Reichthum der Idee erhalten, d. h. wenn
dieser reale Weltprozess ausgespielt hat, ist's am Ende, und
die vom Willen befreiten Ideen kehren zu ihren glücklichen-
ren, vom Willen unberührt und unbefleckt gebliebenen
Schwestern zurück. So ist's bei dem Hartmann'schen Willen;
bei unserm ewigen Willen stellt sich die Sache ganz anders.

Eine Einzelidee kann niemals ohne ihren Träger sein;
eine Einzelidee, eine vorgestellte Einzelmöglichkeit haftet
immer an dem Prinzipe der Urmöglichkeit, wird immer vom
Absoluten, von seinem *constanten* Willen getragen. Die
Ideenwelt ist ewig, aber ebenso auch ihr Träger, der sie
habende, sie wollende *Wille in Permanenz*. Eine Idee oder
mehrere Ideen segeln nicht etwa haltlos im unendlichen
Weltraume irgendwo in der Luft herum: die intuitiv sich
wissende Idee ist ein Nonsens[1]). Die sogenannten intuitiv
sich wissenden Ideen giebt es nur im Kopfe des Philosophen; nur wo ein Gehirn oder dem entsprechende physische
(d. h. nach unserer philosophischen Anschauung *logische*)
Vorbedingungen sind, giebt es Ideen, die mehr oder minder
conform den materiellen Ideen, den concreten Gestaltungen,

---

1) Allerdings ringt die Sprache vergebens nach einer Bezeichnung
dieser Unaussprechlichen. Vgl. Ph. d. Unb. II. S. 447.

den *unmittelbaren Seinsvorstellungen* des Absoluten. Die idealen „Repräsentationen" werden erst bedingt durch die materialen, sind nur möglich auf Grund der materialen, kommen erst auf Grund physischer Organisation zu Stande. Was die Naturwissenschaft auf ihre Weise mit allem Recht mechanisch *organische* Beziehungen und Vorbedingungen nennt, ist für das Absolute rein ideale *logische* Beziehung und Vorbedingung, die natürlich ihrer selbst gemäss ewig nothwendig. Wohl zu merken: für das Absolute sind alle Ideen *einszeitig* vorhanden, also die Ideen, die in den Gehirnen der Individuen in der Zeit rück- und vorwärts *nacheinander* auftauchen, sind für das überzeitliche Absolute *in Ewigkeit* da, und zwar da in dem unendlichen Zusammenhange logischer Verknüpfung[1]). Nur denkt das Absolute durch die Individuation hindurch in der *Form* der Zeit und kann nicht anders als so denken, d. h. Seinsmöglichkeiten vorstellen. Die Hartmann'sche reale Zeit, die der Wille gebraucht, um diesen und gerade diesen Weltprozess abzuspinnen, verwandelt sich nach unserer philosophischen Anschauung in die *logische Kategorie* der Zeit, unter der sich das Absolute des in ihm ruhenden besonderen Ideencomplexes, und gerade dieses Ideencomplexes, aus dem unsere Welt besteht, bewusst wird. Die zeitliche Erfahrung wird so *Moment der absoluten Philosophie*. Die Erfahrung selbst ist *metaphysisch nothwendig*, und was vorher als blosse Methode angesehen wurde, um zum Wissen zu gelangen, wird nun als *Wesen des Wissens* anerkannt. Die von uns vorgestellte erfahrene Welt ist aber nur logisches Moment in der *unendlich langen Reihe* von Welten, die der Schooss der absoluten Möglichkeit in sich trägt. Angenommen einmal, der philosophische Kopf könnte sich auf einen Augenblick mit seinem Bewusstsein in's Absolute

---

[1]) Vgl. hierzu Erläuter. z. M. d. U. Abschn. VI. 4, besonders Absatz 2, 3 und 4. Ferner S. 281, Zeile 11 von unten.

verlegen, so würde er gleichzeitig das ganze Universum in seiner unendlichen Mannigfaltigkeit, das ungeheure Reich der vieleinen Idee, das unbegrenzte Gebiet der Möglichkeiten überschauen und vom Grössten bis zum Kleinsten die logische Verbindung, gleichsam die rothen Fäden, die das Ganze verknüpften und zusammenhielten, erkennen. Dieser ideale Philosoph würde nicht allein diese unsere Welt, die Willensphase in ihrer internen vernünftigen Gliederung erkennen, sondern auch die andern Welten, die vor unserer gewesen und nach unserer kommen werden, und alle diese Welten würde er mit einem Blicke überschen als Bindeglieder des geistigen Universums, des unendlichen logischen Absoluten. Für diesen Seher würde sich aber alles materiale Verstehen sofort in ein ideales umwandeln, alle *Ursache* würde *Grund* werden; die Naturwissenschaft, die sich mit der mechanischen Erklärung der Dinge befasst, würde sich ihm in eine Logik umsetzen[1]).

Doch wenden wir uns von diesem unwirklichen und unmöglichen Philosophenkopfe wieder zum individuellen Menschen und gehen des Näheren auf das erkenntnisstheoretische Problem ein.

All unser Wissen stammt insofern aus der Erfahrung, als wir in uns die Welt erfahren, d. h. insofern wir uns der in uns gelegenen Ideen und ihrer Verknüpfungen bewusst

---

1) **Der physiologisch psychologische Prozess des Sehens** z. B., den der Naturwissenschaftler von der Aetherschwingung an bis zum Einmünden des Licht meldenden Nervenstromes in die Psyche als eine Kette von mechanischen Causalitätsverhältnissen darzuthun sucht, entwickelt sich dem per impossibile angenommenen Logiker als ein begrifflicher Nexus, als eine gesetzmässige Materialideenverbundenheit. Gott schaffte in dem Auge kein physisches Wunder, sondern, wenn er den Menschen sehend dachte, so musste er das *Auge denken*, Auge verstanden als *Inbegriff der unumgänglich vorzustellenden ewig logischen Verhältnisse, aus denen ein Sehen überhaupt werden kann.*

werden. Potentiell schlummert in unserm Ich, das ja in seinem letzten Grunde mit dem absoluten Ich identisch, die ganze Welt; ich werde mir aber nur einer bestimmten, *meiner* Welt bewusst. Wie kommt das? — Mein individuelles Ich ist ein vom absoluten Ich gesetztes Besondere, in seiner Totalität: Seele und Leib, eine Seinsvorstellung. Mein körperliches Ich ist eine Möglichkeitsgruppe logisch verbundener materialer Einzelideen (Atomideen), über die die Seele als letztes verknüpfendes Band gesetzt [1]. Auf der Basis des körperlichen Atomideenconglomerates erhebt sich die Psyche in ihrer eigenthümlichen Bestimmtheit: sie ist ein Ausfluss oder vielmehr das Facit dieses materiellen Logikon, des Körpers, wie letzterer das Facit seiner einzelnen, stufenweis untergeordneten materiellen Logika ist [2]. Umgekehrt kann sie, die Seele, auch genannt werden die Erzeugerin der aus ihr herausgeborenen körperlichen Idee und Ideen bis zur einfachsten Atomidee hinab; denn nach vorwärts und rückwärts ist hier alles bedingt [3]. Gemäss nun dieser ihrer Zugehörigkeit zum Körper wird die Seele auch in ihren idealen Funktionen sich verhalten. Ihr eigenthümliches materielles Fundament, auf dem sie erst *möglich* wurde, wird die aus ihr herausgehenden rein idealen Möglichkeiten, d. h. ihre Vorstellungsart, ihre Gedanken und Gefühle, ihre produktive Individualität bedingen. Unterschiede in Geist und Gemüth beruhen auf feineren oder stärkeren Unterschieden in den Verknüpfungen der Atomideen, und so haben wir hier die idealistische Begründung für den Satz, dass der Körper die Seele und umgekehrt die Seele den Körper bestimmt und bedingt.

---

1) Vgl. Erläuterungen z. M. d. Unb. S. 357—360.
2) Vgl. Erläuterungen z. M. d. Unb S. 337 zweiter Absatz.
3) Es ist sehr richtig, dass der Mensch der Mikrokosmos im Makrokosmos; denn von allem Kreatürlichen ist der Mensch am meisten analog dem Universum organisirt und bestimmt.

Ist nun mein Ich eine solche besondere Einzelpotenz aus der absoluten Potenz, ist dieses Ich selbst eine vom Absoluten gesetzte *Seinsidee*, so kann es natürlich nicht geschehen, dass jemals dies Absolute in mir sich selbst überschaute, d. h. dass in dieser einen Potenz das Absolute die andern Potenzen be- oder vielmehr *umgreifen* wollte. Wie in einer unbegrenzten Kugel, aus deren Mittelpunkte nach allen Richtungen sich unzählige Lichtradien ergiessen, jeder dieser Radien in seiner besonderen Lichtfarbe nur sich selbst gleicht, so ist in der aus dem Logos herausgeflossenen physischen Individuation kein Vorstellen dem andern vollständig gleich [1]).

Nun scheint es aber, als wenn dadurch ein metaphysisches Erkennen unmöglich würde. Bin ich ein vom Absoluten gesetzter, das Sein *besonders* denkender, *ein* Sein denkender Geist, so ist damit der Solipsismus proklamirt. Jedes Individuum hat seine eigene Welt; es kann ja niemals aus seinem besonderen Ich, seiner vom Absoluten bestimmten Denksphäre herausfahren und etwa in eine andere Potenz, in eine andere Vorstellungssphäre übertreten. Dabei wird nur vergessen, dass der Grund, aus dem sich meine solipsistische Weltanschauung herausgebiert, *derselbe* ist wie der, aus dem sich *alle andern* herausheben [2]). Licht bleibt Licht. Das Denkende im Denken, das Abso-

---

1) Diese fortgesetzt neue Ideenbildung ist das πάντα ρεῖ des Heraklit. Heraklit schaute die sinnliche Welt in der Zeit an und veränderte sich ihm natürlich in jedem Augenblicke dies Bild. In Gott als dem einszeitigen Träger aller Vorstellungen sind aber alle Ideen ruhend, und gelangen wir so zu der ruhenden Ideenwelt, welche aber nicht wie die des Plato der aristotelische Vorwurf, sie sei wegen ihrer Ruhe unvermögend zu einer Beziehung und Wirkung auf die natürliche Welt, treffen kann, weil wir nicht im Dualismus zwischen Geist und Materie stehen.

2) Vgl Phils. d. Unbew. II. S. 460—66.

lute, bleibt in allen Daseinsvorstellungen dasselbe; das Absolute stellt sich das unendliche Reich der Möglichkeiten, die unendlichen *Seinsweisen* (die aber eben das Sein selber sind) in mir und in unzählig vielen anderen Individuen vor. Da diese Möglichkeitsvorstellungen einen einheitlichen Quell und Grund im logischen Absoluten haben, so sind sie auch nothwendig alle unter sich zusammenhängend und gesetzmässig verbunden [1]). Meine besondere Weltanschauung ist daher kein abgelöstes Etwas, sondern *ein zu dem Denk- d. i. Vorstellungsorganismus des Absoluten Gehöriges*. Absolute Welterkenntniss ist allerdings für den Menschen nicht zu erreichen, die hat eben nur das Absolute selber (unbewusst — bewusst); aber *homologe* Erkenntniss ist nicht nur möglich, sondern metaphysisch nothwendig. [2]) In der That kann die Philosophie nicht an eine Besitznahme der absoluten Wahrheit denken, sondern nur an ein Zusteuern auf dieses unerreichbare Ziel. *Homologie* ist das Losungswort, was hier recht eigentlich seine Bedeutung findet.[3]) Mein individuelles Ich setzt die Welt homolog dem Setzen des absoluten Ich; mein Denken und Urtheilen über Möglichkeit und Unmöglichkeit (denn das ist denken) setzt im Dienste des Absoluten Welten, die homolog sind der sogenannten einen realen Welt, die aber eben nicht als ein Muster, ein Schema für sich existirt, sondern von den Individuen wieder selber von unten bis oben herauf als ihre Leiblichkeit vorgestellt wird.

Die absolute Philosophie ist das Absolute selber; Gott ist der Universalphilosoph und seine Bethätigung *Universalphilo-*

---

1) Hierdurch unterscheidet sich unser Standpunkt von dem des Leibnitz, mit dem er sonst Aehnlichkeit hat. Die von Leibnitz äusserlich herbeigebrachte Harmonie ist hier die innere logische Bezogenheit.

2) Vgl. Hartmann a. a. O.

3) Im Universum ist alles homocentrisch, homogen und homolog. Vgl. Erläuterg. S. 313.

sophie. Gott ist der *Denker der Welt* (im unendlichen Sinne) und Philosophie ist *Denken der Welt*[1]). Aufgabe der menschlichen Philosophie ist, sich dieser göttlichen Philosophie immer mehr zu *nähern*[2]). —

An diese erkenntnisstheoretischen Betrachtungen knüpfen wir folgerichtig unsere Anschauung über das Verhältniss von Idealismus und Realismus.

Wenn Gott oder das absolute Möglichkeitsprinzip die in ihm ruhenden Möglichkeiten, also die logische Entfaltung seiner selbst vorstellt, so wird dies, gemäss menschlicher Sinnlichkeit geredet, in zwei Modis geschehen: idealiter und realiter. Aber für das Absolute fällt dieser Unterschied als *unwesentlicher* fort: das Absolute stellt überhaupt mögliche Seinsweisen vor. Die beiden Begriffe *Realität* und *Idealität*, die wir bei unserm Vorstellen nothwendig als Unterscheidungen der mit unseren Vorstellungen correspondirenden Aussenwelt und unsern Gedanken für sich gebrauchen, stellen sich für das Absolute so zu einander, dass beide unter sich nur *logisch verknüpfte Momente* ein und desselben Wesens und Thuns sind. Um klar zu machen, was wir meinen und wie wir uns das Verhältniss von Realität und Idealität im Absoluten denken, nehmen wir an, Gott stände, wie der Mensch überlegend vor einem Werke, so vor seiner Welt der Möglichkeiten, vor seiner Ideenwelt. Er überlegte und fände heraus: Will ich meinen „*Gedanken*"reichthum entfalten, so muss ich nothwendig zuerst meinen „*Seins*"reichthum schaffen: soll die *ideale* Welt existiren, muss erst die *reale* Welt dasein; will ich die ideale Welt *denken*, so kann ich sie nur nach der realen *denken* oder durch die reale *hindurch*

---

1) Da in dem griechischen ποιεῖν die drei Begriffe *denken*, *dichten* und *schaffen* verschmolzen, lässt sich von Gott am besten sagen, dass er aufgehe im ποιεῖν τὸ πᾶν.

2) In die eben scizzirte Weltanschauung muss nothwendigerweise einmal der Neukantianismus ausmünden.

denken¹). Also das Realität*denken* geht nothwendig dem
Idealitätdenken voraus;²) beides ist aber Denken d. h. Möglichkeitsvorstellung, innerhalb dessen die logische Verknüpfung besteht.

Hegel scheiterte an dieser Klippe von Idealität und
Realität; er wusste letztere nicht anders in seinem System
unterzubringen, als durch eine Entäusserung der reinen
Idee. Ihm witterte noch immer das draussen seiende Ding
an sich durch die Glieder. Der Pessimismus aber hat in
seiner theoretischen Philosophie sich gross damit gethan,
wie er durch sein Willensprinzip den gesunden Realismus
aufrecht erhielte gegenüber dem fadenscheinigen Idealismus.
Auch wir erkannten dies Realprinzip, das Ding an sich, an,
nur nicht in der zeitlichen Concretion, als fliessender Wille,
der aus einem unergründlichen Quell plötzlich auftaucht und
nachher im Meere der Unendlichkeit verschwindet, sondern
als den ewigen Träger der Ideenwelt, als den *unerschöpflichen Hort* des Wirklich-Vernünftigen, aus dem sich alles
Sein heraussetzt.

Wenn hier noch jemand mit seinem gesunden Realismus kommt, der nichts weiter ist als der letzte Rest der
hartnäckig und eigensinnig behaupteten Position des „gesunden Menschenverstandes", so ist zu fragen: Was hat
denn noch neben diesem Absoluten in seiner Weltentfaltung,
neben dieser vieleinen Idee, die eben in ihrer Einheit als
Subjekt — Objekt, als Denkendes — Gedachtes, ein und
alles ist, der Begriff Realität für eine Geltung? Sie selbst
als ewig Gewollte ist ja das All-Eine, die einzige unendliche

---

1) Der primitivste Gehirnorganismus musste erst von Gott gedacht
werden, ehe es zu einer noch so einfachen und vom Bewusstsein zum
mindesten erleuchteten Vorstellungsreihe kommen konnte. Siehe die
nächstfolgende Anmerkg. und Anmerkg. auf S. 71.

2) Für das Absolute natürlich kein zeitliches, sondern nur ein
logisches Prius.

Realität. Die Begriffe Realität und Idealität haben nur eine Geltung für den menschlichen Verstand, der dadurch ein *Regulativ* für sein Denken besitzt, aber für das Absolute fallen diese Begriffe als *wesentliche* Unterschiede *durchaus* fort; es sind nochmals gesagt nur logisch verknüpfte Momente.

Zwischen Realität und Idealität findet im Absoluten ein bestimmter logischer Connex statt, dessen Verhältniss zu bestimmen aber wohl menschlicher Speculation unmöglich sein wird. Wer vermöchte wohl jemals zu sagen, warum diese Möglichkeit realiter, jene idealiter im Absoluten vorhanden. Besonders tritt uns diese Schwierigkeit der Erklärung auf ästhetischem und ethischem Gebiete entgegen. Gott denkt Schmerz und Lust realiter und idealiter; Gott denkt das Gute und Böse realiter und idealiter. Im realen Dasein, im organisch psychischen Leben haben die Individuen wirkliche Schmerz- und Lustempfindungen und solche, die sie sich nur vorstellen[1]), (man denke z. B. an das Mitleid und die Mitfreude); es wird ungleich viel mehr Böses in der Welt gedacht als ausgeführt, d. h. die vorgestellte Möglichkeit eines Bösen, die Bosheit im Herzen eines Bösewichts ist viel häufiger als die Bosthat, Schandthat. Wie nun die ideale und reale Sphäre sich hier gegenseitig bedingen und ineinandergreifen, diesen logischen Organismus zu bestimmen, ist eben eine unlösbare Aufgabe. Einiges Licht dürfte auf diesen Punkt fallen durch unsere jetzt folgende Erörterung der axiologischen Frage.

Zweierlei ergab sich bislang aus der kritischen Betrachtung von Pessimismus und Hegelianismus für die von letz-

---

[1]) Wie manche Seelen in erträumten Freuden schwelgen und in selbstgeschaffenen Paradiesen wandeln, so vergegenwärtigen sich selbstquälerische Naturen, die über die Brutalität der Weltexistenz simuliren, wohl all die körperlichen und geistigen Qualen, die dem Individuum bereitet werden können. Letztere wären im Stande, ein gediegenes Foltercompendium zu schreiben.

terem beabsichtigte Universalphilosophie. Erstens musste der blossen Hegel'schen Idee der *ewige Wille* zugeeignet werden: das war das metaphysische Moment; zweitens konnte eine Universalphilosophie nicht nach der dialektischen Methode construirt werden, sondern wie der Pessimismus in Hartmann entschieden behauptete, war die *induktive Methode* diejenige, die allein Gewähr gab für die Gegenwart wegen ihrer durch Erfahrung erschlossenen Wahrheit, und Gewähr für die Zukunft durch ihren möglichen weiteren Ausbau und Vervollkommnung: das war das methodische Moment. (Wir sahen freilich[1]), wie die blosse Werthschätzung der Induction als Methode seitens des Pessimismus für uns sich steigerte zur Anerkennung ihrer metaphysischen Bedeutenheit und Nothwendigkeit als logisches Mittel zur Heraussetzung eines bestimmten Weltbewusstseinsinhaltes des Absoluten der unendlichen Möglichkeit.) Das Dritte und Wichtigste, was jedoch der Pessimismus für eine von obigen Mängeln des Hegelianismus freie noch zu beginnende Universalphilosophie geleistet hat, ist die ausgiebige Behandlung der *axiologischen Frage*. Schon an einer früheren Stelle (S. 30) hoben wir Wesenheit und Bedeutung dieser Frage hervor und bezeichneten ihr Verhältniss zur universalen Weltanschauung.

Bei Hegel war das vernünftige Dasein und Leben, das aus der absoluten Idee geboren, so philosophisch abstrakt gehalten, dass auf das Individuum (wie denn dieses überhaupt der Hegel'schen Speculation fremd war) gar keine Rücksicht genommen wurde, am allerwenigsten in seiner Herzensberechtigung. Der menschliche Aufschrei gegen diese absolute Vernünftigkeit der Welt, der menschliche Appell, den das Individuum in seiner Daseinsnoth und Daseinsbedrängniss an Gott machte, wurde, philosophisch stolz auf die Allvernünftigkeit pochend, überhört. Ob dem in tragi-

---

[1] Vgl. S. 70.

scher und verzweifelter Situation befindlichen Individuum die Welt nicht so ganz vernünftig, vielleicht durchaus sinnlos vorkam, war für einen Hegelianer in seiner Suffisance gleichgültig. Da sehen wir denn in Schopenhauer gerade das Individuum mit seinem persönlichen Gefühle wiederkehren. Und trotzbietend der ihm aufgedrungenen Vernünftigkeit, in die er sich vernunftunterthänig, nicht revoltirend, stillschweigend hineinpassen soll, erhebt sich der Mensch zum Prometheus, der der vernünftigen Götter ob des ihm von ihnen ewig verhängten Leidens spottend, zu seinen Brüdern sagt: Seht, ich leide, und wir alle leiden; ihr fühlt es zu gut, und darum glaubt nur nicht an die Weisheit der Götter, die die Welt und uns alle gemacht haben. Nein, ein sinnloses Sein ist dieses Leben und Schmerz seine alleinige Erfüllung. — Schopenhauer besteht überall heftig auf dieser seiner Behauptung[1]), dass die Lust nur ein Negatives, der Schmerz das allein Positive sei. Lust kommt nur auf indirektem Wege zu Stande, sie ist ein Minus, ein kleiner Abzug an dem grossen Plus der Unlust. Dem Leiden am Leben kann sich niemand entziehen; denn der Schmerz ist etwas durch die Weltschöpfung und den Weltprozess nothwendig Gesetztes. Wo Leben ist, da ist auch Leid, und wo Dasein, da ist auch Unlust und Unbefriedigung, und zwar durchaus[2]). Die Sehnsucht des Menchen kann sich daher auch nur auf das Nirwana richten und sittliche Aufgabe des Menschen ist es, in's Nichts zurückzusinken und sich aus den Krallen des Geiers, der die Welt hält, zu befreien d. h. sich von dem Willen zu erlösen.

---

1) Vgl., was er selbst sagt: Parerga, 2. Aufl. B. II. S. 312: „Hierauf beruht die von mir öfter hervorgehobene *Negativität* des Wohlseins u. s. w.

2) Vgl. Welt als Wille und Vorstellung. B. I. §. 56—59, B. II. Cap. 46.

In der That ist dieser „trübe Wahn" ein gewaltiger Gegensatz zu bisheriger Philosophie und namentlich zu dem ätherreinen Idealismus des 19. Jahrhunderts, wie er in Hegel am bestimmtesten sich kristallisirte. Die griechische Philosophie hatte es nicht gewagt, die Welt in ihrem Daseinswerthe anzuzweifeln. Sogar Diogenes, der Verächter alles dessen, was das Leben nach griechischer Weise schön und heiter machen kann, wagte kein gedankliches Attentat gegen dies Leben selbst, entblösst von seiner möglichen lustreichen Erfüllung. Er sprach nicht das letzte Wort aus und ist es ihm als Grieche auch wahrscheinlich gar nicht in den Sinn gekommen, es auszusprechen: das Leben *selbst* ist ein Uebel, das Weltdasein ist eine Dummheit. — Der Optimismus schaukelte in der philosophischen Entwicklung als berückender Schemen hinter allem Speculiren. In Leibnitz feierte die Allbestheit der Welt ihren Propheten. Im Gegensatz zu Schopenhauer wies er der Unlust, dem Uebel, dem Schmerze die Negative zu. Er schrieb die bekannte, leider nicht so wohl gelungene Rechtfertigung Gottes gegen das rebellirende Individuum, während Schopenhauer sich zum Anwalt des letzteren machte und die Thatsachen der Erfahrung gegen alle Sophistereien der einmal vorgefassten optimistischen Meinung zu Felde führte und die beste Welt in die schlechteste umtaufte. — Seit Kant war es verpönt, den eigentlichen Menschen reden zu lassen, d. h. ein Wort auch dem Gemüthe zu gönnen. Die Vernunft war die strenge, kalte Herrscherin auf jedem Gebiete des Menschlichen. Nicht einmal das *begleitende* Gefühl wollte Kant in seinem Rigorismus der sittlichen That gestatten, aus Vernunft und nur aus Vernunft durfte gehandelt werden. Von den nachfolgenden grossen deutschen Philosophen, Fichte und Hegel vor allen, wurde dieser Absolutismus des Kopfes acceptirt. Es herrschte eine aristokratische Abneigung gegen die Gefühlsregungen des Individuums; die Aeusserungen des menschlichen Herzens, die Auflehnung gegen den geschraubten Vernunftzwang, gegen die harte theoretische Vernünftigkeit galt als Zeichen des noch nicht zur philosophisch sittlichen Reife gediehenen Menschen. Der Charakter sollte ganz in der speculativen Tugend aufgehen. Diese Denker hatten vergessen, dass dem Menschen als Menschen nicht mit einer spinnewebigen Doktrin für sein praktisches Verhalten, für sein feuriges Sehnen nach der Lösung der Frage des Wozu gedient ist. Der Mensch hat nicht allein *Kopf*, er hat auch *Herz*. Wie Hartmann einmal richtig bemerkt,[1]) wünscht er die ganze Vernünftigkeit zum Teufel, wenn seinem Herzensbedürfnisse nicht damit gedient ist. Der Mensch will Beruhigung, er will Garantieen für sein Gemüth. Das religiöse Element, wie wir das letztere nennen, macht sich eben so stark geltend wie das philosophische. Mit der Vernunfterklärung des Woher, die das Wozu als ungehörig und überflüssig, weil durch ersteres schon gegeben, unterdrücken will, ist eben der Mensch nicht zufrieden. Nur in *einem* Falle könnte er es sein (und wir werden später diesen einen Fall als den Inhalt unserer eigenen Anschauung des Genaueren darstellen), wenn nämlich das Wozu so unter das Woher eingereiht würde, dass zugleich jene Garantieen gegeben und jene Beruhigung vorhanden, dass also das *religiöse* Moment sich harmonisch in die *Philosophie* der Allvernünftigkeit einreihte. Schopenhauer erkannte dem Menschen wieder sein Recht zu, begünstigte aber die Eigenwelt des Individuums so sehr, dass er seinem Trotze und seiner Klage alles zugestand, und das, was der Mensch im schwankenden und prüfungsvollen Dasein so gern und leicht, verhohlen oder laut ausspricht, dass das

---

1) Vgl. überhaupt die bittere und scharfe Verurtheilung der Hegelchen Vernünftigkeit in Erläuterung z. M. d. U. Abschnitt V. 18. Seite 321—328.

Leben (nämlich sein Leben) nur Thorheit und Leiden, dass er diesen Spruch sogleich zum Orakel einer neuen Philosophie erhob, zum durchgreifenden Grundsatz einer eigenthümlichen Weltanschauung machte.

Wie der Philosoph überhaupt zu seiner eigenartigen Weltanschauung mehr oder weniger unter der mystischen, unbewussten Einwirkung seiner Individualität, seiner Denkungs- und Gesinnungsart: seiner Seinsweise gelangt, so ist auch Schopenhauer zu seiner Philosophie, wie wir oben bereits bemerkten, dadurch gekommen, dass er sein Gefühl und seine subjektive Ueberzeugung von dem Weltelend und der Weltunvernunft übertrug auf alle Kreaturen; was er freilich niemals hätte wagen können, wenn ihm nicht die unzweifelhafte Thatsache der Erfahrung von dem überwiegenden Lebensschmerze sehr vieler Menschen und namentlich hervorragender, der sogenannten Genies, entgegengekommen wäre. Auf diese seine Anschauung und Ueberzeugung gründete er seine speculative Metaphysik, und mussten deren Prinzipien natürlich rückwärts die Welt erklären. Aber abgesehen von diesen metaphysischen Prinzipien, deren Gewinnung ja nur durch die absolute Verallgemeinerung der Erfahrung, durch die Annahme a priori von der unbedingten Allgemeinheit des Weltschmerzes zu Stande kam, können wir eben über Plus oder Minus von Wohl und Wehe nur aburtheilen, indem wir rein statistisch verfahren, d. h. eine möglichst grosse Anzahl von Einzelfällen sammeln, die hinreichend ist, um den Wahrscheinlichkeitsschluss vollziehen zu lassen. Was man nun aber auch sagen mag und wieviel von Partei und Gegenpartei hierüber gestritten und geredet wird: der Pessimismus hat diese Aufgabe nicht gelöst und *kann* sie überhaupt *nicht* lösen. Hartmann unternimmt es in umfassenderer Weise als sein Vorgänger, diese Frage auf erfahrungsgemässem Wege zu behandeln. Cap. XIII. d. Ph. d. U. widmet sich der Untersuchung nach dem Lust-

und Unlustverhältniss in der Welt. Dort werden drei Stadien der Illusion, d. h. der Hinwegtäuschung des Menschen über den überwiegenden Weltschmerz im Wahne *der* oder in der Hoffnung *auf* Glückseligkeit angenommen. Im ersten Stadium der Illusion denkt sich das Individuum das Glück als auf der jetzigen Weltentwicklungsstufe vorhanden, ihm selbst erreichbar.

Ehe der Philosoph auf die nähere Untersuchung der Faktoren, aus denen sich dieses irdische gegenwärtige Glückseligkeitsleben zusammensetzt, eingeht, nimmt er Stellung zu Schopenhauers Negativität der Lust. Hartmann unterscheidet sich ja dadurch von seinem Vorgänger, dass er der Lust die Realität nicht abspricht. Er gesteht ausdrücklich ein, dass jedem Lustgefühl, wenngleich auch durch Illusion erzeugt, während der Dauer des Wahnes, in dem sich das Individuum befindet, so gut die Realität zuzusprechen ist, wie der Unlust.[1]) Aber das hat er mit Schopenhauer gemein, dass die Summe der Unlust in der Welt überhaupt überwiegt, und zwar so bedeutend überwiegt, dass das praktische Resultat fast dasselbe ist, als was Schopenhauers aprioristischer Grundsatz behauptet, nämlich das alleinige Sein der Unlust. Gleichviel ist es bemerkenswerth, wie die Philosophie in ihrem axiologischen Urtheil mit Hartmann schon wieder nach der entgegengesetzten Seite ausschwankt. Von Leibnitz an hatte sich das Urtheil über den Lustwerth des Lebens, also über das Glückseligkeitsverhältniss, wenn es einmal zur Sprache kam, doch immer mehr von dem absoluten Optimismus des letzteren entfernt[2]), bis es dann in Schopenhauer den andern Pol erreichte. Sollte nicht auch hier das Richtige in der Mitte liegen und eine aprioristische Position gewonnen

---

1) Seine Gegner haben dies häufig übersehen oder ignorirt. Vgl. Ph. d. Unbw. II. S. 290 Abs. 1 u. 2.
2) Vgl. die Citate in Phil. d. Unbw. Bd. II S. 286—287.

werden können, die die meiste Aussicht auf Bestätigung durch die Erfahrung hätte, die weder dem Extrem des glückseligen Optimismus noch dem des unglückseligen Pessimismus huldigte, noch auch durch die Unbestimmtheit ihres Standpunktes, durch ihr Hin- und Herschwanken auf der positiven und negativen Linie fraglich wäre?

Doch zu Hartmann zurück. Die Kritik der irdischen Faktoren, aus denen sich das jetztzeitige irdische Glückseligkeitsleben zusammensetzt, wie Gesundheit, Jugend, Freiheit u. s. w., wird unter Berücksichtigung dessen, was die unbeschränkte Wirksamkeit jener direkt oder indirekt hemmt, zu dem Resultate gedrängt, dass alles erträumte Glück eine Illusion, die man unvermeidlich am Ende als solche erkennt.

Das zweite Stadium der Illusion, wie solches hauptsächlich das Christenthum repräsentirt, wo die irdische Glückseligkeit abgedankt und das Seligsein in einem nach dem Tode zu erwartenden transcendenten Leben gefunden wird, entpuppt sich am Ende als ein „mehr oder minder phantastischer Aufputz des Nirwana", eine himmlische vorgefühlte und vorgelogene Seligkeit im reinen Nichts, die nur den himmlischen Mantel im wesenlosen Scheine nachschleppt. Durch Rückkehr von dieser transcendenten Träumerei zum diesseitigen Leben, mit der wiedererwachenden Lust und Liebe zur Welt beginnt das dritte Stadium der Illusion. Die Glückseligkeit wird hier als in der Zukunft des Weltprozesses liegend gedacht. Das Individuum giebt sich der Gesammtheit hin in dem Glauben, durch die gemeinschaftliche Anstrengung und Arbeit auf allen Gebieten des Lebens würde das Glück künftiger Geschlechter begründet, und wenn denn einmal der Lohn im augenblicklichen Leben versagt sei, wolle man wenigstens für die Erben dereinst sammeln. Aber diese dereinstigen Erben werden sich nicht bedanken; sie werden höchstens ihre Vorderen ironisch bemitleiden ob des letzten Wahnes, in dem jene befangen waren: Glückseligkeit *überhaupt* erzielen zu wollen. Trotz allen Fortschrittes der menschlichen Hand wird das Leben höchstens von aussen her gebessert; aber von innen heraus frägt der Mensch immer schmerzlicher, wo denn die positive Glückseligkeit beginne, wo der absolute Werth des Lebens aufzuweisen, wo die so heiss verlangte Allbefriedigung zu holen.[1)]

Nachdem der Mensch diese drei Stadien der Illusion durchlaufen, verzichtet er endgültig auf alles *positive* Glück und wendet seine Augen von dieser schmerz- und wehevollen Welt, die ihn so arg getäuscht, hinweg auf das Nichts, das ihm die absolute Schmerzlosigkeit sichert.

Besser wäre es nun freilich gewesen, er hätte diese Schule nicht erst durchmachen müssen, besser wäre es gewesen, die Welt hätte niemals existirt; denn erwiesen ist, dass die Welt in ihrer Existenz nothwendig einen ungeheuren Ueberschuss an Unlust mit sich bringen muss. — Erwiesen ist? — Wir wollen diesen Beweis näher betrachten. Die metaphysische Nothwendigkeit des Weltelendes, aus der Natur des Willens gefolgert, ist darum nicht zu acceptiren, weil dieses metaphysische Prinzip aus der Erfahrung erschlossen, welche Erfahrung die Welt unter der pessimistischen Brille betrachtete, also schon das hineinlegte, was nachher aus ihrem speculativen Endergebniss gefolgert werden soll. Hartmann macht einmal dem Spinoza die Bemerkung, er hätte gut aus seiner Substanz deduciren gehabt, nachdem er schon vorher alles hineingelegt. Dasselbe gilt aber für ihn. Wenn er bei seinem inductiven Verfahren überall den Einzelerscheinungen als Realprinzip den vernunftlosen blinden Willen zu Grunde legt[2)] und nachher aus der Unvernünftigkeit des Allwillens das Elend der Welt folgert, so heisst das doch, das Eine durch das Andere beweisen wollen, ohne dass wir für die

---
1) Vgl. Ph. d. Unb. II S. 385 f.
2) Vgl. Ph. d. Unb. Theil I, Theil II, I—V.

Wahrheit des Einen einen unmittelbaren sichern Halt hätten. Abgesehen jedoch hiervon, ergab unsere oben geführte Kritik der Hartmann'schen Prinzipien, dass dieser Wille nicht das ist, wofür ihn der Pessimismus hält, dass er als unvernünftiges coordinirtes Prinzip neben einem zweiten vernünftigen an einem Dritten gar nicht existirt, sondern nur mit der Idee unmittelbar verbunden, ihr *ewiger Vater und Schöpfer* ist. Für uns also existirt dieser Hartmannsche Wille gar nicht mehr und wir können daher eine Begründung des überwiegenden Weltelends aus seinem Sein und Wesen von vornherein verwerfen[1]). Was nun den Erfahrungsnachweis als Begründung des metaphysisch postulirten Lebenselendes betrifft, so lässt sich dagegen Folgendes einwenden.

Nimmermehr kann durch Kritik der Hauptrichtungen des Menschenlebens definitiv bestimmt werden, ob wirklich in den vielen Millionen Menschen, die die Erde bewohnen,

---

1) In Bezug auf die Erlösung nach dem dritten Stadium der Illusion vgl. man Ph. d. Unb. II S. 389 f. Wie stellen sich die dort entwickelten Anschauungen zu den Endresultaten der Phänomenologie? (Man halte übrigens mal Ton und Sprache von Seite 389, 390 a. a. O. und S. 870, 871 der Phänomenologie zusammen). In der Phänomenologie wird das Weltdasein, die Immanenz des Absoluten als eine Erlösung von seiner transcendenten Qual angesehen, als ein *Wohler*sein in der Welt als über oder *vor* der Welt. Hier (in d. Phils. d. Unb.) strebt die Menschheit dem Absoluten einen Strich durch die Rechnung zu machen und die immanente Qual, die dem Absoluten als Erleichterung, der Kreatur, der Menschheit aber als ein unerträgliches Elend erscheint, aufzuheben und so also gegen Gott sich durchaus widerspenstig zu erzeigen. Die Welterlösung seitens der Menschheit wäre in diesem Falle der höchste Frevel gegen Gott und liesse sich nur rechtfertigen, wenn es im Sinne dez Absoluten läge, durch unendliche Weltprozesse sein Weh zu paralysiren. Dann aber geht für den Menschen wieder die letzte Hoffnung verloren, die Hoffnung auf die Seligkeit des Nirwana. Vgl. S. 45.

bewohnt haben und bewohnen werden, die Unlust die Lust überwiegt. Diese allgemeinen Richtungen differenziren sich für das Individuum in einer so mannigfaltigen Weise, dass nur eine unmögliche Statistik feststellen könnte, ob die aus den Einzelleben als Summanden sich ergebende Summe der Unlust die auf gleiche Weise erzielte der Lust übertrifft. Ungemein schwierig würde es aber ferner auch sein, die Lust- oder Unlustquanta in den *Thierseelen* nachzuweisen und abzuwägen, und ganz und gar versagt die Forschungsmethode[1]) bei den *Pflanzenseelen* und noch niederen Organismen, völlig abgesehen von dem Reiche des Unorganischen, der Materie. Wir hätten im Gegentheil, wenn wir einen blühenden Rosenstrauch, eine in der Fülle ihrer Kraft grünende Eiche u. s. w. ansehen, Grund genug, anzunehmen, dass in diesen Kreaturen die Natur ihr Dasein herrlich *genösse*. Wie sollte man dazu kommen, in die üppige wuchernde Fülle der Tropenwelt den Schmerz des Daseins zu legen! — Wie wir hinabgestiegen sind, dürfen wir auch hinaufsteigen. Wer sagt uns, dass wir allein die „Erstlinge des Geistes", dass nicht auf anderen Sternen Individuen existiren, von denen wir absolut nichts genaueres wissen, am allerwenigsten ihr Verhältniss zur Lust und Unlust des Daseins messen können.[2]) Aber gesetzt auch endlich, das Leben in diesem Weltprozesse wäre überwiegend Qual: was bedeutet dieser eine Prozess, dies eine Weltstadium zu dem unendlichen Prozess, den das Absolute aus sich gebiert. Was ist dieser eine *Moment* in der *Ewigkeit*,

---

1) In Anbetracht dieser Untersuchungen ist Hartmann nichts weniger als das, worauf er sich sonst so viel zu Gute thut: Empiriker.

2) Die Behauptung des Pessimismus, ohne den Willen könne überhaupt nirgend etwas existiren und müsse also nothwendig überall Elend sein, hat eben nur den Werth einer *metaphysischen Hypothese*.

dieser *eine* Weltgedanke gegen die *All-Gedankenwelt* Gottes! Dieser eine Weltprozess voll Weh und Qual ist vielleicht nur logischer Durchgangspunkt zu einem um so seligkeitreicheren. Gott konnte nur durch die *leidende* hindurch die folgende sich *freuende* Welt verwirklichen. Wie wir vermuthen dürfen, wird dieser Erdball einst mit den übrigen Sternen auf die Sonne und diese wiederum auf die Centralsonne zusammenbrechen. Durch den Zusammenprall wird sich aber eine solche Wärmemenge entwickeln, dass das Chaos sich wieder in den glühenden Dunstnebel umwandelt, aus dem die Sonnensysteme als entstanden angenommen werden. Stimmt man zu, dass also sich die Welt gebildet und wieder bilden wird, so muss man nothwendig auch zugestehen, dass nach rückwärts sie sich unendlich Mal so gebildet hat und nach vorwärts sich unendlich Mal so bilden wird. Was die Naturwissenschaft in ihrer Art Kosmos nennt, nennt die Philosophie Logos. Wir wiederholen, was bedeutet in diesem Kosmos-Logos eine Welt voll Wehe gegen unzählige andere, die diese eine compensiren? Dabei ist wohl unsere obige Behauptung festzuhalten, dass nämlich in Gott alle möglichen Welten gleichzeitig oder besser *einszeitig* vorhanden.

Durch die eben geführten Betrachtungen ist schon angedeutet, wie wir uns zur axiologischen Frage stellen. Wir werden nun in der That dieselbe *a priori* dahin beantworten, *dass im Absoluten sich Lust und Unlust aufheben*. Die Weltseele als der letzte Träger aller möglichen psychischen Empfindung überhaupt *weiss nichts von Schmerz und Glück*. Das Leben des einzelnen Individuums kann allerdings während der Dauer seines Daseins einen Ueberschuss an Unlust nach den verschiedensten Massen haben. Sein Dasein kann sich sowohl auf der einen Seite einer seltenen Glücksertheilung rühmen oder es kann voll von Wehe und Leid sein. Zwischen diesen beiden entgegengesetzten Standpunkten, die wohl nie in der Wirklichkeit als *strenge Extreme*, Pole, vorkommen mögen, liegt eine unübersehbare Mannigfaltigkeit von Mischungsverhältnissen. So auch könnte es sein, dass sich annähernd in dem Leben eines Individuums ein Gleichgewicht herstellte in Bezug auf Lust und Unlust. Wollte man hier bemerken, dass in diesem Falle das einzelne Individuum Gott gleich käme, so ist zu erwidern, dass das Individuum die pathologischen Quanta nacheinander und durcheinander, also in der Zeit empfindet und durchlebt, während Gott in der Ewigkeit oder Einszeitigkeit von einem solchen Wechsel nichts weiss, sondern aller Schmerz und alle Lust der Welt, des Universums, in seiner Seele zusammenströmen und sich gegenseitig ewig paralysiren.

Würde man dem Individuum die Frage vorlegen: Willst du leben ein Leben, worin Lust und Schmerz wechseln, und ihm hinterher zu seiner Beruhigung versichern, dass das Facit der Rechnung am Ende sei χ Lust $= \chi$ Unlust, so möchte *vielleicht*[1]) dies Individuum mit dem Dichter sprechen: „*Mille piacer non vagliono un tormento*" und lieber ein Nichtsein diesem Wechselsein vorziehen. Für Gott aber als dem Wesen, in dem im Ewigkeitsmomente d. h. in der Einszeitigkeit alle Lust und Unlust sich gegenseitig *verscheinen* (gleichsam wie die verschiedenen Farben in dem reinen weissen Sonnenlichte sich aufheben), *für Gott kommt diese Frage gar nicht in Belang*. In *diesem* Verstande ist das Absolute in der That „das *Alles absorbirende Nichts*"[2]).

Hartmann sagt: Phil. d. U. II. S. 350:

---

1) Die individuelle Werthschätzung ist hier *sehr* verschieden. Mancher würde in seiner *Lebens*lust vielleicht einen sehr *hohen* Prozentsatz von Unlust mit in den Kauf nehmen.

2) Erläuterungen z. M. d. U. S. 337 Z. 16.

„Gesetzt es läge in der Natur des *Willens*[1]), gleichsam in Brutto ein gleiches Maass Lust wie Unlust zu produciren, so würde das Nettoverhältniss von Lust und Unlust schon ganz im Allgemeinen durch folgende fünf Momente sehr zu Gunsten der Unlust modificirt werden:

a) die Nervenermüdung vermehrt das Widerstreben gegen die Unlust, vermindert das Bestreben, die Lust festzuhalten, vermehrt also die Unlust an der Unlust, vermindert die Lust an der Lust;

b) die Lust, welche durch Aufhören oder Nachlassen einer Unlust entsteht, kann nicht entfernt diese Unlust aufwiegen und von dieser Art ist der grösste Theil der bestehenden Lust;

c) die Unlust erzwingt sich das Bewusstsein, welches sie empfinden muss, die Lust aber nicht, sie muss gleichsam vom Bewusstsein entdeckt und erschlossen werden, und geht daher sehr oft dem Bewusstsein verloren, wo das Motiv zu ihrer Entdeckung fehlt;

d) die Befriedigung ist kurz und verklingt schnell, die Unlust dauert, insoweit sie nicht durch Hoffnung limitirt wird, so lange, wie das Begehren ohne Befriedigung besteht (und wann bestände ein solches nicht?);

e) gleiche Quantitäten Lust und Unlust sind bei ihrer Vereinigung in einem Bewusstsein nicht gleichwerthig, sie compensiren sich nicht, sondern die Unlust bleibt im Ueberschuss, oder der Ausschluss jeglicher Empfindung wird der fraglichen Vereinigung vorgezogen."

Für unser Absolutes können diese Argumente wiederum deshalb nicht in die Wagschale fallen, weil wir den Willen nicht präcisiren als ein Wollen, das dann und wann durch

---

[1]) In der Natur des Hartmann'schen Willens kann überhaupt nichts liegen als unvernünftiges Wollen; vgl. dagegen S. 93. Anmerkung.

Urzufall einmal auftaucht und aufwacht und die Welt setzt, um nach Abspielung des Unglücksprozesses, der zu nichts nützt und nichts gewährt, abzudanken und sich wieder in seinen transcendenten Schlaf zu begeben, sondern weil wir den Willen auffassten, wie er metaphysisch wirklich existirt und nach Hartmann's eigener Anschauung consequenterweise gedacht werden muss, als das fortwährende Wollen, als der Wille, der nie sein eigenes Wesen, nämlich *Wollender*, Repräsentant der vieleinen Idee zu sein, verläugnen kann. Die fünf von Hartmann angeführten Momente aber gelten höchstens für das Individuum *in seiner zeitlichen Anschauung und Empfindung*. Das Individuum leidet unter der *Nervenermüdung*, aber das Absolute, Gott, kennt gar keine Nervenermüdung, überhaupt keine Ermüdung. Das Individuum, als in der Zeit lebend, mag die einer Unlust folgende Lust nicht als Ersatz für erstere ansehen. Im Absoluten sind ferner nothwendigerweise die individuellen Lustbewusstseine ebenso *unmittelbar* und *unerschlossen* wie die individuellen Unlustbewusstseine, wenn auch vielleicht dem Individuum d. h. der Centralmonas eines Organismus häufig das Bewusstsein einer Lust entgeht[1]). Von einer Befriedigung Seitens des Willens kann natürlich auch nur beim Individuum die Rede sein, das jetzt etwas hat, was es vorher noch nicht hatte. In Gott ist die Befriedigung *ewig* vorhanden, Befriedigung verstanden als ein Zustand, der nichts von Unbefriedigung weiss, nie etwas gewusst hat. *Gott ist ewig in der Idee gesättigt.* Dass die Befriedigung beim Individuum schnell verklingt, ist übrigens aus dem Vorstellungstriebe (Sucht nach Neuem) zu erklären, der metaphysisch bedingt ist durch das Wollen Gottes, all seinen bewusstseinsmöglichen Vorstellungsinhalt auch wirklich vorzustellen. Der letzte

---

1) Die Lust hat dann doch jedenfalls eine untergeordnete Monas und *in ihr* auch das Absolute.

Punkt, den Hartmann unter c. anführt, nähert sich b. Ob gleiche Quantitäten Lust und Unlust in einem individuellen Bewusstsein vereinigt, d. h. also gleichzeitig existiren können, ist streitig. Es wird sich wohl immer um ein bei anscheinend gleichzeitiger Lust und Unlust *schnell wechselndes Nacheinander* handeln. Ist dies der Fall, so gilt das, was wir schon oben bemerkten, dass vielleicht *manches* Individuum statt der wechselnden Lust und Unlust, selbst wenn sie sich compensiren sollten, lieber den Zustand der Unempfindlichkeit vorzieht, den aber eben das Absolute als göttliche ewige Ruhe besitzt über der sich aus ihm entfaltenden Welt voll Weh und Freude.

Die axiologische Frage zu beantworten ist nur *a priori* möglich; denn wir haben vorhin gesehen, welche unüberwindliche Schwierigkeiten sich dem *a posteriori* entgegenstellen. Nun ist aber diese Antwort: Im Weltganzen giebt es weder ein Plus von Lust noch ein Plus von Unlust dem Verstande unmittelbar am einleuchtendsten. Falls ein Uebergewicht nach der einen Seite vorhanden, wundert er sich; er fragt: Warum denn Lust? oder: Warum denn Unlust? Keins von beiden hat eine ausschliessliche Berechtigung. Das Sichwundern, *warum überhaupt etwas ist*, das der Grund alles Grübelns, Denkens, Philosophirens, wird in Bezug auf das hervorragendere Wundern über Lust- und Leid-Sein durch unsere Antwort aufgelöst:[1] In Bezug auf Lust- und Leid-Sein ist die Welt gleich dem Nichts. Das Absolute ist in seiner Existenz in Bezug auf Lust- und Leid-Sein gleich der Nicht-Existenz. Demnach bleibt nur noch das

---

[1] Hartmann würde sich auch gar nicht mehr über die Weltexistenz wundern und ihr Dasein beklagen, wenn nur nicht der Lebensschmerz in ihr vorhanden. Also ist schliesslich für ihn die *Unannehmlichkeit* der Welt die Unvernunft der Welt, das Welträthsel. Vergl. Erläuterung z. M. d. U. S. 269 Z. 13; S. 296 Z. 22; S. 109 Z. 13.

Absolute übrig in seiner Idealität, d. h. seiner logischen Entfaltung. Und sobald man zugesteht, dass diese Entfaltung logisch, dass die Welt ein zusammenhängendes Vernunftganze, ist der andere Theil des Sichwunderns, das „Woher und Wie die Welt?" auch aufgelöst. Denn wie sich niemand über die mathematischen ewigen Wahrheiten wundert, dass z. B. in Ewigkeit die drei Winkel eines Dreiecks zwei Rechte ausmachen oder dass $3.3 = 9$, wird sich auch niemand mehr über die *ewige Logicität des Seins wundern*.

Um eine Erklärung abzugeben über die so oft aufgeworfene Frage nach der Mehr- oder Mindervernünftigkeit dieser einen sogenannten wirklichen Welt, sagen wir: diese Welt, in die wir hineingestellt sind, ist die vernünftige und vernünftigste insofern, als sie das innerhalb der Verkettung der unendlichen idealen Seinsweisen im Absoluten an bestimmter Stelle logisch zulässige reale Sein ist. Wenn man aber einmal zugestanden hat, dass Gott schlechterdings kein unvernünftiges Prinzip wie z. B. den pessimistischen dummen Willen in sich tragen kann, ist diese Frage nach der Vernünftigkeit dieser Welt überhaupt müssig. Die Welten, die Gott aus sich heraussetzt, sind dann nur Theile des alleinen Logos und *eine ist so gut logisch d. i. vernünftig* wie die andere.[1])

In einer vernünftigen Welt soll gar kein Schmerz sein (296 a. a. O.)? Was dann, lauter Lust? Wir haben schon geantwortet: Weder Schmerz noch Lust haben ein Recht

---

1) Die eine kann freilich der Kreatur *angenehmer* bekommen wie die andere. — Hartmann identificirt Erläuterg. z. M. d. U. S. 296 Z. 23 den Schmerz geradezu mit dem Unlogischen. Ist also der Schmerz im Weltganzen verschwunden, so damit auch das Unlogische. Es liegt in der Natur unseres ewigen Willens, als des Vaters der *logischen* Idee gleiche Quanta von Lust und Unlust durch die Individuation zu produciren.

auf ausschliessliche Existenz, noch auch auf ein Uebergewicht des einen über das andere; entweder sie dürfen beide überhaupt nicht dasein oder ihr absolutes Facit hebt sich gegenseitig auf. — Hartmann meint und schreibt auch dem Hegelianer Volkelt, gegen den er die Ausführungen in seinem „Hegelianismus" [1]) richtet, die „noch nicht zum klaren Bewusstsein durchgedrungene richtige Ahnung" zu: dass ein bloss idealer Prozess einen schlechthin friedlichen Verlauf nehmen muss. Ja wohl, sein harmloses Absolute mit der friedlichen Idee müssen nothgedrungen sehr gutmüthige Existenzen sein; denn sonst würde, wenn auch der schreckliche Wille, der an allem Elende allein schuld ist, aus dem Wege geräumt und ertödtet wäre, ja doch nur noch Krieg und Streit übrig bleiben. Unser Absolutes aber, dass die Seinsweisen direkt aus sich gebiert in streng logischer Möglichkeit, stellt sich etwa nicht die Welt zum Spass vor, wie die Nachmittagsträumerei eines Philosophen, sondern was Gott realiter *denkt, das ist* auch [2]). Allerdings hat sich noch niemand „an einer Idee den Kopf gestossen" d. h. an einer *Gehirn*idee des Individuums, aber an der *absoluten Idee*, an dem vom Absoluten *vorgestellten Sein*, kann man sich tagtäglich recht wehe thun.

Gott stellt die Daseinsmöglichkeiten vor in ihrer inneren logischen Verknüpfung: diejenigen Verhältnisse nun, die ihrer Natur nach für das Individuum (welches letztere ja auch nur in seiner Bestimmtheit ein Logikon ist) Schmerz resp. Lust mit sich bringen müssen, bringen auch diese in der That mit sich, weil eben die natürlichen *Seins*verhältnisse vom *Absoluten selbst* vorgestellt, nicht etwa in Gedanken von einem Individuum gedacht werden. Gott hat also Lust und Unlust in der Individuation und die patho-

---

1) Erläutg. z. M. d. U. Abschnitt C.
2) Vgl. S. 75 f.

logischen Zustände sind logische Bestimmtheiten, gegeben mit dem *die-Individuation-Denken* des Absoluten [1]). *Das Absolute kann gar nicht umhin*, die täglichen Lebensverhältnisse, die wir vom Standpunkte der individuellen Ueberschau oft traurig, unbegreiflich und verworren finden, innerhalb seiner gesammten Vorstellungskette von Daseinen *so und gerade so* zu setzen und dabei auch durch die Individuation hindurch all das *Pathos vorzustellen*, dass diese Verhältnisse logisch nothwendigerweise mit sich bringen. —

Unsere Position jedoch, dass für das Absolute sich die durch die Individuation zu Stande kommende Lust und Unlust compensiren, wird durch die täglich zu machende Beobachtung bekräftigt, wie physische Lust und Unlust und psychische Lust und Unlust zumeist in einem correlativen Verhältnisse stehen, so nämlich, dass das, was der einen Monas (um diesen Leibnitz'schen Ausdruck für einen mehr oder minder grossen Realideencomplex zu gebrauchen) Lust bringt, für eine andere, ihr über- oder bei- oder untergeordnete Unlust bringt, und umgekehrt.

Ausführliche Besprechungen über diese interessante Erscheinung, die der Pessimismus, vielleicht absichtlich, übergeht[2]), können wir natürlich an dieser Stelle nicht machen, wir begnügen uns mit einigen *Andeutungen*, die nur eine Ausschau gewähren sollen auf die mögliche weitere Erforschung und vielleicht werthvollen Ergebnisse auf diesem Gebiete. — Wenn in einem organischen Körper eine Krankheit auftritt, so ist die Centralmonas, die Seele[3]), davon

---

1) Vgl. hierzu Erläuterungen z. M. d. U. Abschnitt V, 9—12.

2) Wie das reiche Lustgebiet des menschlichen Lebens: das grosse Feld des Witzes und Humors.

3) Nach dem Stande der heutigen Psychologie ist in der That eigentlich nicht meine Lunge oder Magen u. s. w. krank, sondern immer das ortsunbekannte Ich, die vielleicht im Gehirn wohnende Seele, die alles das auf *ihre* Weise fühlt, was im zugehörigen Körper vorgeht.

schmerzlich afficirt. Nun befinden sich entweder die untergeordneten („kranken") Monaden in einem Lustverhältnisse, indem sie ihre bisherige freiwillige[1]) harmonische Unterordnung unter den constitutionellen Gesammtorganismus aufgeben und für sich zu grösserer Daseinsselbständigkeit zu gelangen suchen, oder im Körper bilden sich von den kranken Stellen aus neue thierische Individuen[2]), die durch ihre Menge und Vermehrung einen *anzurechnenden* Prozentsatz zu dem Facit der allgemeinen Daseins- und Lebenslust immerhin abgeben mögen, wenn sie auch etwa keineswegs im Stande sind, die Unlust der Centralmonade, in deren Gebiete und auf deren Kosten sie leben, aufzuwiegen. Der noch bleibende (grosse) Rest der Unlust der Centralmonade wird dann entweder durch andere physische oder besonders psychische Lust abgetragen oder im Absoluten durch anderweitige lustvollere Individuation aufgehoben.

Die psychologische Determination und Prädestination für Lust und Unlust ist sehr mannigfaltig. Wie verschieden stellt sich nicht schon die individuelle Empfänglichkeit für materielle Genüsse; was dem einen hier von hohem Lustwerthe, sinkt dem andern auf das Niveau des wenig oder durchaus nicht Begehrenswerthen oder gar häufig unter dasselbe herab. Aber noch viel verzweigter und mannigfaltiger ist die Wechselbedingung von Lust und Unlust im Gebiete des Psychischen. Sehen wir von solchen Verhältnissen ab,

---

1) Der Grad des Bewusstseins dieser untergeordneten Monaden ist dabei gleichgültig.
2) Nach den neuesten medicinischen Forschungen sind mehrere der bedeutendsten Krankheiten, wie Milzbrand, Rückenmarksdarre u. s. w. auf die Existenz und ungeheure Vermehrung solch kleiner Thierchen (Bakterien u. s. w.) im Organismus zurückzuführen, und wird sich durch fortgesetzte Beobachtung vielleicht der bei uns speculativ schon längst feststehende Satz bekräftigen lassen, dass physische Unlust immer auf Kosten anderer physischer Lust zu Stande kommt und umgekehrt.

die das gewöhnliche Leben in seiner Alltäglichkeit darbietet: Der verliert, jener gewinnt, der eine hat den Schaden, der andere hat die Freude; der unterzieht sich der Mühe, jener bekommt den Lohn; der eine leidet, der andere gefällt sich ob seiner That¹) u. s. w. u. s. w. — so lehrt, wie die Geschichte des natürlichen Daseins, so besonders die Geschichte des menschlichen in ihren grossen und gewaltigen Zügen, wie auf Trümmern und Vernichtung im Grossen und Kleinen sich das Neue und Kraftvolle erhob, wie immer das Unglück des einen das Glück des andern war, und wie kein Glück für sich existirte, sondern begleitet war von einem misslichen Zusatze, eben dem Unglücklichen, wie aber auch umgekehrt jedes Unglück sein Glück hatte.

Welch geheimnissvoller Zusammenhang besteht endlich zwischen dem tragischen Geschick und der Freude daran. Wie tief sind diese beiden verwebt! Es leidet ein Mensch und Held unter dem Leben, das Geschick führt ihn einen Passionsweg, aber vom Dichter verklärt und verherrlicht, ist er ein ungeheurer *Lust*erwecker für die vielen, sehr vielen, die sein Leiden sehen und *geniessen*. Das so *allgemein und dauernd erfreuende* Schöne wird meist unter Schmerzen geboren. Oft und zumeist schleppt das Schicksal den Künstler und Dichter, den es sich erwählt, durch ein Leben voller Mühsal und Bedrängniss. Sein Genius ist zugleich

---

1) Bei Anrechnung der Lust- und Unlustquanta für das Absolute darf man natürlich nicht mit einseitigem Maasse messen. Man darf z. B. nicht vom ästhetischen Standpunkte aus die Freude am Hässlichen vernachlässigen, und so auch nicht vom ethischen Gesichtspunkte aus die Lustquanta, die das Böse mit sich bringt, ignoriren. Nein, die verabscheuungswürdigste Bosheitsfreude, die den gefühlvollen und sittlichen Menschen mit Schauder erfüllt, hat der Philosoph einfach zu registriren. Solche Objekte philosophischerseits zu verläugnen, ist strenge zu tadeln. Sind doch diese Facta im Weltganzen da und wollen also denkend berücksichtigt und erklärt werden.

sein Fluch in Betreff des äusseren Daseins. Er, der Mensch, hat weder Glück noch Stern im Erdenleben. Als ob nur auf solche unumgänglich harte Weise das aus der Seele herausgesetzt werden könnte, was darin schlummert und was Tausende und Abertausende Jahrzehnte, Jahrhunderte bis in die fernsten Zeiten *erfreuen* soll.

Wir müssen uns bei solchen und ähnlichen Controversen trösten in dem Gedanken an die Einheit der Individuen in Gott und ihrer Erlösung von dem zeitlichen, nach unbekannten logischen Gesetzen bestimmten Dasein durch die *Sühne* der uns unbegreiflichen Gegensätze in Gott. Wie schon Jacob Böhm wusste, gebiert das Absolute aus seinem Schoosse alle Gegensätze; es setzt das logisch überhaupt Mögliche. Auch diejenigen Begebenheiten und Zustände im menschlichen Leben, die wir so gerne finsteren und bösen Mächten zuschreiben, sind nur ewig nothwendige Bestimmungen innerhalb des unendlichen, auch die herbsten Dissonanzen in sich auflösenden Absoluten. Wer z. B. einmal die metaphysische Nothwendigkeit der Schuld („der Uebel grösstes") und ihrer Sühne eingesehen, der wird Göthe's schönen *viel bedeutsamen* Vers verstehen und auch den Trost dazu finden:

> Ihr führt in's Leben uns hinein,
> Ihr lasst den Armen schuldig werden,
> Dann überlasst Ihr ihn der Pein:
> Denn jede Schuld rächt sich auf Erden.

Ja, wie wir uns der Wahrheit nur freuen können, wenn es auch eine Unlust erweckende Unwahrheit für uns giebt, wie wir das Schöne nur geniessen können, wenn uns das Unschöne verletzt, so auch muss das Böse und Unsittliche zur Qual existiren, damit wir von einem Guten wissen und darin *selig* sind. —

Unser Panlogismus ist eine *philosophisch-religiöse* These; er macht keinen und kann keinen Anspruch darauf machen, das ungeheuere Reich des Daseins in seiner Mannigfaltigkeit logisch zu demonstriren [1]), noch auch die Summanden für Lust und Unlust zu sammeln und dann durch Rechnung zu beweisen, wie wirklich in Gott sich Lust und Unlust aufheben. Aber das beansprucht dieser Panlogismus, dass er ebensogut sich mit der bisherigen Erfahrung verträgt wie der Pessimismus, und dass ferner die fortschreitende empirische Entwicklung immer mehr sich ihm freundschaftlich nähern wird. *Der Pessimismus wird dann nur Durchgangsmoment zu ihm gewesen sein.* Der Pessimismus war im Recht, wenn er energisch darauf hinwies, wie in der so vielfach gepriesenen und verhimmelten Welt doch eine ungeheure Summe von Weh und Leid. Der übertriebene Optimismus, der namentlich seit unserer zweiten classischen Literaturperiode im Schwange war, gereichte auf manchen Lebensgebieten zum grössesten Schaden. Die klare Einsicht in die wirklichen Verhältnisse der Dinge und die wahre Anschauung vom Werthe des Lebens sind nothwendig, um den Menschen den Kampf mit der Zukunft besonnen und tüchtig, gesichert vor plötzlicher Täuschung und Entmuthigung, führen zu lassen. Aber wie das Neue immer zu viel bringt und in's Extrem ausschwankt, so auch der Pessimismus mit seiner alleinigen Realität der Unlust [2]) und Daseinsunseligkeit. Das ist nun die nächste Aufgabe, die Souveränität des Ich, die beim Pessimismus in der trotzigen Frage besteht, weshalb muss *ich* leiden [3]), durch den Hinweis auf

---

1) Vgl. S. 70 und 74.
2) Vgl. S. 83 Z. 19.
3) Die blosse Gottesmitleidschaft (vgl. Phänomenol. S. 868) vermag diesen Trotz nicht zu dämpfen. Wie der Mensch dem Hegel'schen Missionar antwortet: Was scheert mich die Vernünftigkeit Gottes (vgl. Erl. z. M. d. U. S. 324), könnte er dem Hartmann'schen antworten: Was scheert mich die Unvernunft Gottes und sein transcendentes Weh (vgl. S. 43).

die *Wesensidentität mit dem Absoluten*, das selbst alles Weh und alle Freude in sich aufnimmt und in sich *versöhnt*, herabzumildern in den bewussten *Frieden* der Gotteskindschaft.

Die Ethik stellt sich nach unserer panlogistischen Anschauung wie bei Hartmann. Auf Grund der phänomenologischen Untersuchungen wird als das letzte Moralprinzip, von dem nur eine gesunde Ethik ausgehen kann, das absolute hingestellt, d. h. das der Wesensidentität der Individuen mit Gott. *Gottesdienst ist sittliche Culturarbeit*, der jeder nach seinem jeweiligen, durch äussere und innere Verhältnisse bedingten Vermögen, Mitteln und Fähigkeiten obliegt. Nur handelt es sich hier nicht am Ende um eine Erlösung, sondern, wenn wir so sagen dürfen, kommt es nach unserer gewonnenen Anschauung auf eine *Erhaltung* des Absoluten in seiner Ruhe und seinem Frieden an. Wenn man erwägt, dass ein Theil der Kreaturen im Leidensverhältnisse sich befindet und sich logisch nothwendig immerdar befinden muss, so kann man auch von unserem Standpunkte aus sagen, dass das Absolute durch die auf der anderen Seite im Weltprozess zu Stande kommende Lust fortwährend in seinem negativ-eudämonistischen Charakter negirt wird. Und weil nun allerdings ein sittliches Leben wohl unter allen Umständen das relativ glücklichste in der Welt ist, die Sittlichkeit also am meisten zur Negation des negativ-eudämonistischen Standpunktes beiträgt, also nach unserer Anschauung die grösste Lustbeisteuer für die dem Absoluten zukommende Lust-Unlust Bilance liefert, so verträgt sich unsere axiologische Annahme sehr wohl mit dem Sittlichkeitsbewusstsein des Menschen[1]. Wir huldigen nicht dem schillernden Dualismus Hartmann's von transcendentem und immanentem Gott, dem seligen nicht wollenden Willen, und dem qualvollen wollenden Willen, der unbefleckten Idee und

---

1) Vgl. S. 41 oben.

der vom Willen entäusserten. In unserm reinlichen Monismus als der *ewig gewollten Idee* giebt es daher auch überhaupt *keinen Prozess*[1]), d. h. eine *reale Entwicklung zum Anderssein Gottes*, sondern was uns als Prozess erscheint, ist nur der von uns unter der logischen Kategorie der Zeit verknüpfte Bewusstseinsinhalt des Absoluten. Für das Absolute sind alle Verhältnisse einzeitig da, also auch die durch unsere sittliche Arbeit verwirklichten Zustände sind für das Absolute in Ewigkeit da. Durch diese Anschauung wird die Sittlichkeit aber keineswegs aufgehoben. Wenn auch für das *übersittliche, rein logische Absolute* alle ethischen Seinsweisen innerhalb der unendlichen Möglichkeit überhaupt fallen, so sind wir Menschen doch im vernünftigen, durchaus logisch bestimmten Zusammenhange des Universums so gesetzt, dass wir nicht umhin können, *sittliche Möglichkeiten für unser Bewusstsein zu realisiren*; das Absolute hat — um so zu reden — in seiner Logicität dafür gesorgt, dass wir sittlich handeln müssen und dass sittliche Verhältnisse existiren. Wie aller Arbeitstrieb in den Kreaturen auf der metaphysischen *Nothwendigkeit* des Immermehrvorstellens[2]) beruht, so ist auch das sittliche Bewusstsein (Gewissen) ein absoluter logischer Faktor, der mögliche Seinsverhältnisse aus der Idee heraussetzt, den wir aber keineswegs *durch das philosophische Bewusstwerden seiner als nur logischen Faktors ausrotten* können, sondern der eben deshalb, weil er absolut, nicht etwa menschlich herbeigebracht, ewig wirksam ist.

---

1) Hartmann hat sich ganz in seinen Prozess — hineingerast kann man nur sagen; er will *durchaus* einen Prozess, deshalb heisst ihm alles andere „zwecklos blinde Nothwendigkeit einer ewigen spinozistischen Tretmühle".

2) Das Absolute „hat allerdings nichts davon, sich so zu entfalten". (Erläuterg. S. 304 Z. 12 von unten); das Logische will aber auch, eben weil es nur logisch ist, nichts davon haben.

Der Mensch hat das Bedürfniss und die Aufgabe, nach besten Kräften an der Förderung des allgemeinen Fortschrittes und des dadurch möglichen Wohles zu wirken, die Ideale des Schönen, Guten und Wahren zu verwirklichen. Es kann für ihn keine Auskunft sein, wenn er sich etwa demonstriren würde: Nun gut, müssen die Gegensätze aus dem Absoluten geboren werden, so will ich an der Negative theilnehmen. In Bezug auf das „Verneinende", das Böse im Weltganzen, gilt das, was Hartmann vom Bösen ausführte (Phänomenolog. S. 734—52, besonders S. 747); es ist das Residuum früherer Entwicklungen, das immer durch die nächstfolgende ausgemerzt werden soll. So erweist es sich als Triebrad zum Guten und Höhern, welches Verhältniss Hartmann natürlich real zeitlich, wir dagegen ideal logisch auffassen. Das übersittliche Absolute *muss* das Böse nach seiner (des Abs.) inneren Nothwendigkeit d. i. Logicität an bestimmten Stellen in die Seinsmöglichkeiten hineinsetzen, aber nicht der *willkürliche* Individualwille hat diese Aufgabe. Thut er dies, so handelt er *bewusst unsittlich* und zwar im höchsten Maasse. — Im übrigen kommen solche ethische Erörterungen nur für die zur Zeit gewiss noch wenigen Anhänger der Weltanschauung in Betracht, die Gott über dem Hegel'schen sich selbst bespiegelnden Idee-Jehova und dem Hartmann'schen ewigleidenden Willens-Christus als das Wesen denkt, das gleichweit entfernt von eitler selbstbewusster Herrlichkeit als jammervollen unbewussten Elendigkeit sich als reiner, freier übermenschlicher Allgeist darstellt.

Welch lange Zeit mag noch wohl damit hingehen, bis die grossartigen und sich rasch folgenden philosophischen Anschauungen unseres Jahrhunderts in der Menschheit entwickelt und hindurchgedrungen, Gemeingut nicht einzelner gebildeter Nationen, sondern der gesammten gebildeten

Menschheit geworden sind. Ob es wohl je dahin kommen wird? — Hartmann meint es von seiner Philosophie. Bis dahin werden jedenfalls die übrigen Formen des unausgebildeten Vernunftbewusstseins, die mehr oder minder bedeutenden, die reine Philosophie ersetzenden Religionen bestehen bleiben; und es ist sicherlich *ganz in der Absicht* des Absoluten, wenn dieser „Prozess" langsam vor sich geht. Das Absolute in seiner logischen Gesetzmässigkeit kann natürlich nicht durch das Eingreifen eines philosophischen Kopfes gestört werden [1]), und wenn letzterer sich betrübt darüber, dass nicht eine Heerde und ein Hirt werden will (wo er natürlich der Hirt ist), so lächelt — menschlich gesprochen — darüber das Absolute ironisch.

Bedenkt man, welchen gewaltigen Contingent die drei mächtigsten Religionen, der Buddhismus, das Christenthum und der Islam, von unseren Erdbewohnern repräsentiren, so leuchtet ein, dass es einer ungeheuren Anstrengung und Zeit seitens der fortschreitenden Cultur, Civilisation und Wissenschaft bedürfte, um die Anzahl der *Gläubigen* zu *Philosophen* zu machen. Hartmann aber kennt wahrlich Organisation und Zustand der christlich katholischen Kirche schlecht, wenn er behauptet, dass das dogmatische Christenthum in einer Zersetzung begriffen und die Religion der Zukunft [2]) uns schon winke. Nein, der „Felsen Petri" steht so fest wie je, und an diesem gewaltigen Felsen werden wie bisher sich noch viele und abermals viele den Kopf zerbrechen.

Trotzdem ist die Philosophie und Wissenschaft im Recht, wenn sie auf eine Culturentwicklung dringt, an der alle theil-

---

1) und sollte es (theistisch geredet) eine Welt daran setzen, um dies zu verhindern.
2) Vgl. „Die Selbstzersetzung des Christenthums und die Religion der Zukunft". 2. Aufl. Berlin, Carl Dunker's Verlag (C. Heymons).

nehmen. Die Geschichte zwingt uns zu einer solchen Anschauung: Fortschritt in jeder Beziehung ist der Menschheit Panier. Der Pessimismus hat die Illusion des extremen Optimismus, die allerdings bisher in diesem Gedanken mit nebenherlief, als ob durch diese Entwicklung auch das Wohl des Menschen und der Menschheit zu einer erträumten Höhe, zur vollen Glückseligkeit gesteigert werden würde, zerstört, und statt dessen den Gedanken an einen Verzicht auf das Leben-Geniessen und auf das Leben-Wollen überhaupt aufgestellt. Weder der teleologische Optimismus noch der eudämonologische Pessimismus sind im Rechte. Ist letzterer consequent und könnte es geschehen, dass er durch Erfahrung Einsicht in die letzte Illusion, in diese Illusion par excellence von der Hoffnung auf *Lebenserlösung* gewänne, so müsste er die *radikalste Verzweiflung proklamiren*. Die Anschauung aber, dass die Weltseele weder eine lustvolle, während der Mensch leidet, noch auch eine leidende, während der Mensch der Lust sich hingiebt, *die Anschauung, dass aus Lust und Leid sich das Menschenleben zusammensetzt, Gott aber alle diese Lust und all dies Leid nicht allein der Menschheit, sondern was im Universum nur pulst und webt, in sich zusammenschliesst und in sich versöhnt, ist die wahre Philosophie der Versöhnung*, die über den Schiffbruch des Pessimismus an das sichere Land rettet. —

Eine Darstellung der Philosophie nun, welche die Anschauungen, die wir auf den vorigen Blättern entwickelt, zu ihrem Inhalte und Kern besässe, hätte mit der Frage des Wozu zu beginnen. Die Unmittelbarkeit, mit welcher diese Frage sich aufwirft und herandrängt, sowie der Umstand, dass jeder vom höchsten Gebildeten bis zum simpelsten Menschen sich mit ihr denkend beschäftigt, also über sie philophisirt (wenn er auch nur das ethische Dogma einer Religion acceptirt), vindicirt ihr die erste Stelle als *prima philosophia*. Nicht wie es häufig bisher geschah, darf gleich mit höchsten statuirten philosophischen Prinzipien begonnen und von diesen aus herunter deducirt werden, so dass der Lernende und Wissbegierige eigentlich erst am Ende Verständniss für die Sache erlangt (wenn er es überhaupt erlangt), sondern wie die Menschheit als philosophische Person allmählich zu ihren wissenschaftlichen Resultaten gelangt ist, soll auch der einzelne denkende Mensch an das ihm Zunächstliegende und ihn am meisten Interessirende anknüpfend und darüber forschend und speculirend zu dem Weiteren und Höheren gelangen. Den paedagogischen Werth solcher Methode hat uns der Pessimismus in den Hartmannschen Werken zur Genüge kund gethan und wird jedenfalls die Phänomenologie durch ihren Erfolg noch glänzend beweisen. Das Nächstliegende sind aber eben die praktischen Fragen. Erst nachdem diese auf möglichst selbständige Weise, durch denkende Betrachtung und Vergleich im eigenen Ressort, ohne Zuhülfenahme fremd herangebrachter prinzipieller (religiöser oder metaphysischer) Vorurtheile ihre Erledigung gefunden haben, kann zu den rein theoretischen Fragen übergegangen werden. Dann sind letztere um so leichter zu verstehen[1]) und zu handhaben, als auch wird die Gefahr vermieden, dass die Resultate der theoretischen Philosophie einseitig, wenn nicht ganz und gar den offenbaren Thatsachen der praktischen Lebenserfahrung widersprechend.

Wie wir schon an früheren Stellen darauf hinwiesen, kann jetzt eine solche Bearbeitung der Frage des Wozu, abgelöst von der des Woher geschehen, weil ein hinreichendes, ja gewaltiges Material zu sichtender Kritik vorliegt. Die Geschichte der Philosophie (und der Religion) hat uns eine Fülle von praktischen Lebensanschauungen überliefert.

---

1) Ein philosophisches Problem als Problem klar zu verstehen, ist schon ein weitgethaner Schritt auf dem Wege zur Lösung.

Wie diese bedingt waren, wie sie aus theoretischen Anschauungen herauswuchsen oder sich nur an sie anlehnten, ist nicht unmittelbar Gegenstand unserer praktischen Philosophie. Sie betrachtet zunächst die ethischen Systeme als etwas Gegebenes für sich, sucht den Connex unter ihnen hervor, wie das eine sich aus dem andern entwickelte, entwickeln konnte und entwickeln musste, scheidet das Retardirende und Abspringende, wenn auch historisch an dem und dem Punkte stehend, aus und creirt so den Organismus, aus dem sich der volle Leib der praktischen Philosophie aufbaut.

Ist nun eine solche practisch philosophisch geschichtliche Darstellung zu den höchsten Prinzipien gelangt, die entweder schon geschichtlich gegeben und fertig oder auf die die letzte Entwicklung als den Kopf hindeutet, so ist nun aus diesen höchsten Prinzipien, die auf solchem Wege gefunden natürlich zugleich auch die höchsten Prinzipien der theoretischen Philosophie sind (wie der gemeinschaftliche Spitzpunkt zweier Winkelschenkel), eine kritische Betrachtung der theoretischen Prinzipien anzustellen, aus denen mehr oder weniger die nacheinander folgenden ethischen Systeme abflossen, damit der Lernende übersieht, wie auch die Grundsätze der theoretischen Speculation früherer Philosophen sich den hier gefundenen letzten unterordnen. Doch soll eine solche Einsicht vorerst nur den Zweck haben, die Ueberzeugung zu kräftigen, dass wirklich die *auf praktischem Wege gefundenen* letzten Resultate stichhaltig sind, sowohl den *ethischen* als auch *theoretischen* Grundsätzen der Vergangenheit gegenüber.

Zu zeigen, wie die metaphysischen Prinzipien, aus denen sich die speculativen Systeme früherer Philosophen ergaben, theoretisch den letzthin gefundenen sich unterordnen und zwar analog der ersten Erscheinungsreihe *gegenseitig sich bedingend und erzeugend organisch gruppiren lassen*, ist

Aufgabe einer besonderen Darstellung. Diese Arbeit, die den Titel führen dürfte: „*Möglichkeit einer letzten Philosophie,*" hätte im Ganzen dahin zu streben, aus dem Gedankengange der geschichtlichen Philosophieen den Kern herauszuschälen, der als die eine philosophische Wahrheit in allen enthalten. Sie hätte das Ziel festzustellen, auf das alles bisherige philosophische Denken hingesteuert, die Krone, der die Philosopheme am Baume der Erkenntniss entgegen gewachsen. Die vielen Philosopheme als organische Verzweigungen der einen Philosophie darzuthun, wäre ihr Unternehmen. Und wenn es gelänge, einen solchen Zusammenhang nachzuweisen, wenn es gelänge, ein endgültiges philosophisches Prinzip zu finden, das nicht allein die uns in Schrift überlieferten philosophischen Meinungen, sondern die überhaupt möglichen, also uns unbekannten und zukünftigen, als Ausfluss seiner selbst bezeugt, dürften wir die Frage, ob eine letzte Philosophie möglich, dahin beantworten und bejahen, dass letzte Philosophie dies Prinzip sei, insofern unter ihm alles gedacht werden müsse, und immer gedacht worden wäre, also die eine und ganze Philosophie unter sich begriffe[1]).

Unser Standpunkt würde sich über Dogmatismus, Scepticismus und Kriticismus (Eclecticismus) erheben, indem wir nicht mit dem Dogmatismus einem bestimmten einzelnen Systeme die alleinige Wahrheit zuerkännten, dem Scepticismus aber bei seinem Zweifel und Hindeutung auf die so sehr verschiedenen philosophischen Anschauungen antworteten, dass aus unserem Prinzip heraus alle diese Anschauungen berechtigt und am letzten Ende einheitlich verknüpft, weil aus dem Schoosse der absoluten Möglichkeit geboren; dem Kriticismus (oder Eclecticismus) aber würden wir nicht

---

1) Wir halten dafür, dass in der vieleinen Möglichkeit als einzigem schlechthin idealen Sein der Welt dies Prinzip gefunden. Vgl. S. 61 flg.

beistimmen, wenn er in den einzelnen Systemen scheiden will zwischen absolut Wahrem und absolut Falschem.

Müsste es nun auch geschehen, dass aus diesem obersten Prinzip heraus, welches auf induktivem Wege gefunden, wieder rückwärts die Welt deducirt würde?

Wir sahen früherhin, wie Hegel mittelst seiner Dialektik in der That versucht, das Wirklich-Vernünftige, die absolute Idee in ihrer internen Mannigfaltigkeit aus sich heraus zu entwickeln. Aber war die Methode schon ein dem verständigen Denken angethanes Gewaltverfahren, so blieben die Resultate weit hinter der Erwartung zurück. Und mit Recht! Eine vollendete Philosophie erforderte die logische Klarstellung und Abrundung alles vom Sein zu Wissenden; das Grösseste wie das Kleinste, das Nahe wie das Entfernte, Himmel und Erde und was darin lebt und webt, müsste hier seine *logische* Stellung und Gliederung erhalten. Kein dem Menschen bewusst werdendes Objekt, keine Beziehung und Verknüpfung dürfte als unqualificirbarer Ueberschuss, als undefinirbare Differenz bei Seite geschoben werden. Es müsste alles Natürliche, Menschliche und Göttliche in die *Logik* eingehen, *und alles erscheinende Unlogische müsste als Schein dargethan werden.* Wie wäre aber dem Menschen solche Wissensgrösse möglich! Wir sahen, das Individuum kann niemals sich vergöttlichen, in das Absolute eingehen und in dieser geheimen Werkstatt den Weltenmeister belauschen, wie er die Welt aus sich herauswebt. „In's Innere des Geist's dringt kein erschaffener Geist," sagen wir mit Recht im Sinne unserer Philosophie.

Wohl dürfen wir von unserem Prinzip behaupten, dass es ein letztes und höchstes und somit das Philosophiren aus diesem Prinzip oder unter diesem Prinzip ein universales d. h. alle bisherige Philosophie überragendes und umfassendes ist. Aber nicht eine wirklich fertige Ueberschau des Seienden soll dadurch gegeben werden, sondern eine potentielle. Aus diesem Prinzip heraus oder zu diesem Prinzip hin bewegt sich das Erforschte und Erkannte und muss sich alles ferner zu wissen Mögliche hinbewegen. Ja selbst das, was dem Menschen nicht zugänglich, müsste, wenn es ihm zugänglich wäre, sich unter unser metaphysisches Prinzip einreihen lassen.

Eine Deduktion des auf induktivem Wege Gefundenen wäre nur eine Wiederholung, die freilich immer den Werth hätte, die logische Sicherheit der bisherigen philosophischen Resultate zu kräftigen. Die Methode der Universalphilosophie bleibt jedoch besonders eine induktive. Ein „*System des Panenlogismus*[1]" würde erörtern, in welche Theile und Unterabtheilungen die speculativen Untersuchungen zerfielen. Es dürfte eine Dreigliederung herauskommen in *Ethik*, *Aesthetik* und *Logik*. Die Ethik handelte von der logischen Thätigkeit des Absoluten im Individuum, insofern dieses den Möglichkeitsinhalt des Absoluten durch ethische Handlungen (und ihr Gegentheil) heraussetzt; die Aesthetik handelte von der logischen Thätigkeit des Absoluten im Individuum, insofern dieses den Möglichkeitsinhalt des Absoluten in ästhetischen Verhältnissen (und ihr Gegentheil) heraussetzt, und die abschliessende und umfassende Logik handelte von der logischen Thätigkeit des Absoluten im Individuum, insofern dieses den Möglichkeitsinhalt des Absoluten im reinen Denken heraussetzt. Die ganze Wissenschaft fällt also in dies letztere Ressort.

Die panenlogistische „*Universalphilosophie*" hätte diese Haupttheile mit ihren Unterabtheilungen des Breiteren auszuführen und auszufüllen, und würde ihre höchste *religiöse* Aufgabe darin bestehen, immermehr die postulirte Wahrheit der Reinheit Gottes als des letzten psychischen Trägers des

---

[1] Dieser Name, dem Krause'schen Panentheismus nachgebildet, dürfte noch besser für unsere Anschauung gewählt sein.

Weltganzen von menschlicher Freude und Leid zu kräftigen, Gottes Freiheit von dem natürlichen Pathos, seine Erhabenheit über alle menschlicen Empfindungen und Eigenschaften darzuthun; die höchste *philosophische* Aufgabe dagegen darin, immer mehr die Unendlichkeit Gottes als des Urgrundes des realen und idealen Seins und seine innere logische ewige Gesetzmässigkeit zu erweisen. —

Fürwahr ein göttliches Ziel!

CURRICULUM VITAE.

Ich, Gottfried Borries, wurde am 21. Oktober 1855 zu Soest in Westfalen von protestantischen Eltern geboren. Mit dem sechsten Lebensjahre besuchte ich die dortige Seminarübungsschule und ward nach Absolvirung ihrer drei Klassen in das Soester Gymnasium zu Ostern 1866 aufgenommen. Während ich die unteren Klassen leicht und schnell durcheilte, verhinderte mich ein Brustleiden auf den oberen Klassen sehr häufig und in der Prima fast ein ganzes Jahr am Schulbesuch und häuslichen Arbeiten. Trotzdem gelang es mir, das Abiturientenexamen im Herbst 1875 wohl zu bestehen, und war es anfangs, da ich viel Neigung und Anlage zur Musik besass, meine Absicht, das Leipziger Conservatorium zu besuchen. Nachdem ich in Leipzig jedoch Ende Oktober 1875 bei der Universität immatrikulirt war, gab ich diesen Plan auf und widmete mich sprachwissenschaftlichen, literarischen und späterhin ausschliesslich philosophischen Studien. Als Gymnasiast hat den grössten Einfluss auf meinen Bildungsgang der damalige Prorektor des Soester Gymnasiums, jetzt Direktor des Gymnasiums in Salzwedel: Dr. Gustav Legerlotz gehabt, der mir persönlich nahe stand und mich mit vielem Schönen für Geist und Gemüth bekannt machte. Auf der Leipziger Universität schloss ich mich gleich zu Anfang Herrn Professor Seydel an, von dem ich in die Philosophie eingeführt und in fast allen Zweigen derselben unterrichtet wurde. Ausserdem hörte ich bei Herrn Professor Wundt Geschichte der Philosophie und physiologische Psychologie; verschiedene philosophische Themen bei Herrn Professor Schuster, bei Herrn Dr. Wolff und Dr. Windelband. Sprachwissenschaftliche und literarische Studien trieb ich bei den Herren Professoren Zarncke, Curtius, Ebert, Masius, Wülcker, bei den Docenten Dr. Osthoff und Dr. Settegast und bei Herrn Professor Hildebrand, welchem letzteren ich wegen seiner vielfach mir gegebenen Anregung zu besonderem Danke verpflichtet bin. — Zwei Sommersemester (1877 und 1878) weilte ich in Bonn und hörte an der dortigen Universität bei Herrn Professor Jürgen Bona Meyer eine Encyclopädie der Philosophie. Von Herrn Professor Knoodt erhielt ich manche neue Anschauung über die mir früher besonders zusagende Philosophie des Leibnitz. Religionsphilosophische Disciplinen, die ich in Leipzig bei Herrn Professor Seydel begonnen, setzte ich in Bonn fort bei den Theologen Lange und Bender, und trieb mit Herrn Dr. Witte privatissime ethische Studien. Herr Professor Birlinger gab mir Gelegenheit, mein Göthestudium zu vertiefen, und Herr Professor Justi liess mich das bei Herrn Professor Springer in Leipzig angefangene Studium der Kunstgeschichte wieder aufnehmen. In Berlin wohnte ich im Wintersemester 1877/78 den Vorlesungen der Professoren Steinthal, Scherer, Duboisreymond und des Docenten Dr. Erdmann bei, wurde aber durch meine alte Krankheit, zu der sich noch ein Nervenleiden gesellte, damals als auch besonders im letzten Winter, wo ich wieder in Leipzig war, häufig in meinen Arbeiten gestört. In diesem Sommer gedenke ich Leipzig zu verlassen, um in Zürich eine meiner Gesundheit und meinen Neigungen entsprechende Stellung anzutreten.

www.ingramcontent.com/pod-product-compliance
Lightning Source LLC
Chambersburg PA
CBHW031403160426
43196CB00007B/870